教育领导力系列

丛书主编：周作宇

使能性评估原理

[美]大卫·M．菲特曼（David M. Fetterman） 著

张玉凤 译

FOUNDATIONS OF
EMPOWERMENT EVALUATION

教育科学出版社
·北京·

主 编 简 介

　　周作宇，教育学博士，北京师范大学教育学部教授、博士生导师。1999年美国印第安纳大学、波士顿学院访问学者；2004年意大利特兰多大学访问学者；2008年美国加州大学洛杉矶分校和斯坦福大学富布莱特访问学者。长期从事教育原理、高等教育管理与评估等研究。主持了国家自然科学基金、全国教育科学规划、教育部哲社等多项课题，出版了《问题之源与方法之镜——元教育理论探索》《教育理论的边缘》等多部著作，在《教育研究》等学术刊物发表多篇论文。

作 者 简 介

　　大卫·菲特曼是斯坦福大学教育学院"政策分析与评估"硕士项目的主任和教师成员。他曾是加利福尼亚整合学习机构的教授和研究主任、美国研究机构的首席研究科学家、RMC研究所的副主任和项目主任。他在斯坦福大学获得教育和医学人类学的博士学位，在以色列和美国都进行过实地考察。菲特曼教授从事的领域包括教育评估、民族志、政策分析、教育技术，主要关注辍学项目和天才教育项目。他是美国评估协会和美国人类学协会人类学和教育委员会的前任主席和项目主席。

　　菲特曼博士在天才教育领域所从事的工作涉及州、国家、国际等层面。他在斯坦福大学发起并组织了第一届和第二届天才教育会议，并接受美国教育部的任命，组建国家天才教育中心。该中心目前已运行，他是顾问之一，指导国家天才研究中心的工作。菲特曼也是扭瓦学校的董事会成员，该学校是一所专门为天才儿童设立的先进学校。

菲特曼博士在地区、州和国家层面都做了深入的多方面的评估研究，主要针对城市问题，包括为美国教育部的辍学项目进行为期三年的全国性评估。他所从事的评估项目涉及移民、双语、环境健康和安全、医疗、图书馆、教师教育、学术和行政、残障人士等多个领域。另外，他还担任很多联邦机构、基金会、公司、学术机构的顾问，包括教育部、国家心理健康机构、疾病控制中心、美国农业部、凯洛格基金会、洛克菲勒基金会、沃尔特约翰逊基金会、安妮凯西基金会、日本先达公司、南非独立发展信托基金会、早期儿童全纳教育研究机构、以及美国和欧洲的多所大学。

菲特曼博士是美国人类学协会和应用人类学协会的会员。他曾获得美国评估协会的两项最高荣誉——评估实践方面的米达尔奖和评估理论方面的拉扎斯菲尔德奖，获得了乔治和路易斯·斯宾德勒奖以奖励其作为学者和实践者为教育人类学所做的杰出贡献，获得了人类学和教育委员会的民族志评估奖，获得了评估研究协会的总统奖以奖励其对民族志教育评估的贡献，获得了实践人类学家华盛顿协会的实践奖以奖励其将知识转化为行动，获得了1990年门萨教育和研究基金会的奖项以奖励其著作《卓越和平等：天才教育的质性视角》以及在《教育评估与政策分析》《天才教育国际期刊》中发表的关于天才教育的文章。

菲特曼博士在斯坦福大学进行了七年多的在线博士项目的在线教学和课堂教学，进行面对面的指导。他在《教育研究者》《实践人类学》等杂志上发表了关于在线教学和网上视频会议的文章，管理合作性、参与性和使能性评估的美国评估协会邮件讨论组。菲特曼博士最近成为美国教育研究协会的通讯委员会成员，指导协会在该领域的发展。

菲特曼博士参与编写了很多百科全书，包括《世界教育百科全书》和《人类智力百科全书》。他著有《使能性评估：自我评估和问责的知识和工具》《权力的使用：交流、合作和宣传》《民族志：从入门到精通》《教育评估的质性方法：沉默的科学革命》《卓越和平等：天才教育的质性视角》《教育评估：理论、实践和政治层面的民族志》《教育评估民族志》等书。

使能性评估原理

David M. Fetterman

谨以此书献给我聪慧美丽的女儿——莎拉·瑞秋·菲特曼（Sarah Rachel Fetterman），她有着欢快的笑容、美好的心灵和俏皮的个性。

为自我领导而教育·教育领导力系列序

1999 年，我受国家留学基金委项目资助，在印第安纳大学布鲁明顿分校访学。一日，接到学校外事办的电子邮件，称在校园旁边有一所称为"和谐学校"的私立学校，邀请国际留学生和访问学者为学校的学生介绍本国文化，借此让孩子了解来自不同国家的风土人情。我报了名，并且做了比较充分的准备。整个活动分散在不同的教室，出入完全是开放的。学生们想去哪个班听就去哪个班，来去自便。我搜索枯肠将想象中他们能够接受的一些中国文化知识通过对话的方式做了介绍。参加的学生慢慢多了起来。令我欣慰的是只进不出，说明大家还是很感兴趣的。同时，令我有些惊异的是，这些孩子全然没有受桌椅板凳的束缚，各自采取舒适的方式围了一圈。有的蹲着，有的躺着，有的站着，形态五花八门。有的男孩甚至躺在地上，将头枕到女孩的膝上。看着孩子们听得津津有味，而且能够踊跃回答问题，我还用了一些从中国带去的体现文化特点的小礼物奖励答对的人。"讲课"时间很快就过去。结束后过了一阵子，我几乎快要将这次活动忘掉。这时收到了校长的一封感谢信。信上说，"谢谢你参加我们的活动。根据学生的反馈，大家对你讲的内容很感兴趣。觉得你的讲课方式比较生动，是那次活动中孩子们听过的最有趣的外国文化课。但是，学生们唯一觉得不舒服的是：你总用小礼物奖励那些答对的同学"。那封感谢信我一直保存着。此事过去那么久，至今回忆起来像是发生在昨天。一个让我一次又一次咀嚼反思的问题是：感谢信转折的那句话"但是……"意味着什么？那所"和谐学校"在其历史介绍中声明，他们的"教育目的是培养'全人'"。一切项目的设计和实施旨在促进学生追求学术卓越，培养良好的自我感觉，将学习看作终身的过程，使学生获得对生活的自我控制感①。我们的教育究竟是为什么培养学生？要培养学生的什么？怎样培养学生？在我们的教育文化中，诸如"小红旗"之类的表扬和奖励在学校司空见惯。老师奖励"正确答案"而非鼓励学生积极思考的"教学技巧"，几乎没有谁觉得不舒服、不合适。我自己从事教育学研究，能够在美国的学校赢得学生的"专注听讲"，在课堂上就曾获得一种满足感。而那封感谢信的前半部分也曾刺激了自己一丝得意的虚荣。但是，那个令人永远忘不了的"但是"，像一个巨大的反光镜，常常催人反思：或许"胡萝卜加大棒"的教育习俗，已经深入骨髓。"意义空心化"和"教育外部化"是两个明显的教育病态症候。引导学生"走向奴役之路"，恐怕是最可怕的"教育陷阱"。

　　"意义空心化"与"教育外部化"具有内在关联。"意义空心化"是一种自我精神虚无的状态，表现为个人的意义世界"被殖民"，从而出现虚化或迷茫、搁置追问、回避对质等现象。如艾略特的《空心人》所描绘的那样："我们是空心人/我们是被填满的人/挤靠在一起/稻草充满了脑子。唉！/我们那干涩的声音，当我们/在一块儿窃窃私语，/寂静又无意义/就像干草中的风/又像我们干燥酒窖里/一群老鼠的小脚踩上碎玻璃。/有外形没形式/有阴影没色彩/力量已瘫痪，有手势却没动作。"② 将空心化的世界充实意义而不是稻草，需要个人的长期自我修炼，同时这也是教育的重要使命。教育的核心任务是呵护自然自我、社会自我与精神自我的成长，服侍

---

① 参见：http：//www.harmonyschool.org/home/history。
② T.S.艾略特，《空心人》，赵萝蕤译本。

个体的意义探寻，催化个人自由意志的发展。有效的教育从根本上说是"自我教育""内部教育"，即个体借助各种影响要素拓展视野、提升能力、增长才干、升华精神、服务社会①的学习和实践过程。有效教育旨在依赖个体自主并且通过促进个体由内而外淬炼成长而达到意义世界的建构和不断超越。外部化的教育承包个体的所有决策，侵占个人的独立思考空间，代替个人对无论是活动还是知识所承载的意义的咀嚼和品尝。外部化的教育是教育的极端状态，是一种"单极""单向"教育。"教育外部化"是极权主义在教育中的表现。其特点是"外大内小""外强内弱"。重外部权力和外部评价，轻内部认可和内在肯定；外部强制多、内部激励少；外部干预刺激多，内部消化吸收少；要求多，关心少；训话多，沟通少；苛责多，宽容少。教育外部化使自我空间被殖民，使自我从当下蒸发。个人的私人空间被外部指令所塞满，或沉迷于虚拟的电子"游戏世界"，"指尖"与"眼尖"构成身体运动的全部表现，被"游戏监狱"囚禁；或拥挤于信息超载的"知识超市"。个体的自由空间被挤占，行动被全景监视，从家庭到学校，校内到校外，到处可见"知识的集中营"。前者因接近于人的"赌徒式""瘾君子"天性而就范，表面上看起来是一种主动，实际上背后都有强大的商业利益集团操盘，因而本质上也是一种被动的"瘾士"。后者的主要推手是家长。在个体没有能量释放的封闭系统中，形成孩子和家长的诉求对峙，在讨价还价的博弈中作为监护人的一方当然力量占优，孩子被迫屈从。结果出现学生之"学无生"的心理创伤病态。"游戏监狱"和"知识集中营"的最大后患，就是意义探寻中的得过且过，随大流跟风潮，丧失主体意识和自我领导力。从而，哪怕那种"世人皆醉我独醒"的"最后之人"式的一点点清高浪漫也几近消失。

---

① 此处的社会是广义的，服务社会包括师生之间、学生之间的相互合作和互相帮助。

在光鲜浮华的外表背后，意义的世界为"自大、自卑、争风、嫉妒、厌烦、浮躁、易怒、跋扈"所装修。鲁迅先生"救救孩子"的呼吁，敌不过有形无形、或远或近的"同谋者"的"轻率""偏执"甚至"暴力"。人类那块儿"挚诚向往但永远到达不了的地方"，那片诸多媒体已经燥热得顾不上光顾的召唤先人执着赶路的"应许地"，宛若"城里的春联"，只是一家家移民的"乡愁"寄托，或多或少已经丧失了弄堂街巷的文化活力。

一位教育学专家在中小学调研时曾问一名初中生，"你的理想是什么？"学生答："想考一所好高中。""那高中毕业后呢？""考一所好大学。""大学毕业呢？""找一份好工作。""工作后呢？""找个好妻子。""再然后呢？""生一个好宝宝。""有了小宝宝呢？"说不清楚了。显然，在文凭社会里，大学是一个重要的人生门槛，大学文凭是一个重要的学习诱因。教育为学习提供保障，是社会分层和社会地位再分配的工具。在教育生产线上，大学获得的乃是看得见的具体目标。在严酷的社会分层建筑里，教育的技术锻造和工具打磨将更为深刻但也更加模糊的价值内涵压榨挤兑。从而出现"意义真空"或"意义空心化"。"获得知识而失去意义"，是一种现代"文凭病"。阿瑟·米勒（Arthur Miller）的剧本《维希轶事》（*Incident at Vichy*）曾讲述了一个上流中产阶级人士的故事。当时，纳粹占领了他的城镇。在纳粹面前，他拿出大学学位证书、著名人士的推荐信，以表示他的身份。纳粹见状问他："这就是你拥有的全部吗？"他点点头。于是，纳粹将所有这些材料扔进一个垃圾筐里，告诉他："好吧！这下你什么也没有了。"主人公的自尊建立在别人的尊重上。面对这样的情景，其情感受到极大的打击，个人价值感几近消弭。①确实，如果自尊完全建立在别人的好恶态度上，那么，没有了别人

---

① Viktor E. Frankl. Man's Search for Meaning ［M］. Forward by Harold S. Kushner, Boston：Beacon Press, 2006：X-XI.

的肯定和承认，个人的意义世界就会倾倒。如果将那位初中生和米勒笔下集中营的中产阶级人士的愿望和遭遇联系起来看，我们的教育几近陷于价值消弭。当然，集中营的现象是特殊人群在特殊时期所遇到的特殊待遇。在常态下，人们不是普遍地、经常地能够面临这样的价值困境。随着现代教育的发展，尤其是高等教育不断普及，大学学历会越来越高端化，学位也随着数量的增加而越来越贬值。当学位即便不是像在集中营那样被扔进垃圾筐，而是遭遇贬值的时候，个人的价值如何度量？或者，不是剧本中那位中产阶级人士，而是别人，面对类似集中营这样的极端环境，在个人的尊严受到不能再大的外部侵害的时候，当个人失去人身自由、失去曾经拥有的一切而只剩下不由自己支配的身体时，人的价值支点在哪里？对此，维克多·弗兰克给出另类答案："我们所拥有的最大自由，乃是可以自由选择我们对自己在这个世界上的角色的看法，是我们无论身处什么样的境遇，都拥有做出积极反应的力量。"[1] 比起外部的评价，我们如何看待自己更加重要。人们是不可能将成功的祭坛建立在借口之上的。只有我们知道自己是谁，我们才能承担使命同时丢掉不切实际的幻想，认清自己选择和行动的价值，寻找自我挑战的方法，让自己的所作所为真正富有意义。弗兰克是"寻找意义"的代表。他不但从纳粹的集中营里幸存下来，而且以其切身感受开创的"意义疗法"（Logotherapy），给许许多多面临意义困境的人们以慰藉。弗兰克之所以能够在集中营幸存下来，第一得益于他的身体足以承担繁重的体力劳动，这是他没有被纳粹直接筛选到毒气室毙命的第一条件。第二，他本人是心理学家，在专业上有一技之长，在集中营里的医生需要帮手的时候，他能够给予协助。第三，他的父母、妻子被关在其他集中营，他内心存在有朝一日亲人重逢的精神寄托。由于消息不通，他对这些亲人的死亡一无所知，这种"无知"使他

---

① Viktor E. Frankl. Man's Search for Meaning［M］. Boston：Beacon Press，2006：66.

的生存信念时时受到激励。类似中国古典的"孝悌"伦理对他生存之勇气发挥了作用。第四，他主张并且实践"意义探寻"的积极心理取向，这乃是至为重要的生存良药。历史不能重复实验和验证，但是思想可以实验。将教育做假设在集中营环境下的"思想实验"，或许可以看到教育的真正价值和意义。如果教育不能赋予学生"认识你自己""选择你自己""认可你自己""成为你自己"的勇气和力量，无论一个人通过教育获得多少从文凭到工作到职位到财富到荣誉等有形无形的外在东西，当面临"集中营裁判"的时候，当这些东西被抛到垃圾筐或火堆，个人经受真正的价值裁决的时候，也就是教育经受"审判"的时候。凡是像弗兰克一样能够经得起集中营考验①的人，即无论在多么险恶的环境下，都能够积极面对，体现人对环境在态度选择上的自由，那么，他就拥有积极的、充满活力的"意义世界"。相反，如果个人不能很好地将环境和其对环境的反应区别开来，看不到任何环境都剥夺不了的人对自己态度可以驾驭的最后防线，那么，他的"意义世界"就会被"外部世界"统治或殖民。从而，自我的整体感丧失，理性遭到抛弃，感性被放大。自我的独立意识沉沦，自主的态度驾驭感缺失，自我信任的基准塌陷，自我在或者依附或者与人疏离的两极左右偏执地摇摆，个体由"原创"沦为"盗版"，由鲜活的独特生命个体蜕化为浑然随波的"沉默羔羊"。为了逃避现实或填补虚无的空间，个体不得不"活在别处"。身体不能承受心灵之轻，心灵也无法承受身体之重，身心彼此对抗，不能不向分裂侧滑。结果，自我走上奴役之路，心理走向人格分裂。

"有一个真理矗立不倒。在世界历史中发生的所有事情都会停留在某些精神上。如果这种精神是强大的，那么它创造了世界历史；

---

① "集中营考验"是一个比喻，是指人们所遇到的被剥夺了一切外部所有后的极端状态。

如果这种精神是虚弱的，那么它经历了世界历史。"① 人之为人就在于人的精神具有或潜在或现实的自主性和超越性，尽管这种特性可能被压制和遮蔽。人类历史证明，在人上升的道路上，领导力非常重要。无论是英雄创造历史还是群众创造历史，历史都是领导力展现的历史。人人皆需领导力，自我领导不一定需要特别的头衔。"自我领导是一个能动的过程，在这个过程中，个人学会更好地了解自己。借此，生活之帆获得了行驶的方向。"② "如果没有很强的自我领导感，人们就会觉得失控、受压制、无法集中精力。"③ 旨在培养自我领导力的教育才是面向未来的教育、进步的教育、解放的教育。"世界上本来就没有救世主，也不靠神仙皇帝。"教育不是救世主，也不是神仙皇帝。但教育既可以点燃人的自由精神之火，也可以熄灭人的自我领导火种。教育要克服"外部化"倾向，必须解放自我，锻铸精神，消除殖民，倡导为自我领导而教育的哲学。

周作宇
2014 年 7 月

① 斯柯维茨（Albert Schweitzr），转引自《获取精神力量的 10 种方法》。参见：托尼·布赞. 获取精神力量的 10 种方法 [M]. 周作宇，张学文，译，北京：外语教学与研究出版社，2005.

② Pentti Sydanmaanlakka. What is Self-leadership [JB/OL]. http://www.pertec.fi/@Bin/116594/whatisSL.pdf.

③ Dr. Rick Bommelje. The Top 10 Ways to Strengthen Your Self-Leadership [JB/OL]. http://www.listeningpays.com/? page_id=201.

目 录
Contents

致　谢

　　我该怎样感谢我的同行和朋友，以及由他们构成的整个行业和协会呢？在评估者、项目成员、项目参与者和政策制定者的日常生活中，这个行业既是动力源泉也是智力中心。它创造了有利于使能性评估发展的环境。全世界的众多同行已经有意识地应用他们的深刻见解、智慧和辛勤耕耘，将知识转化为行动。想要感谢的人越来越多。特别感谢我在使能性评估中心的搭档，包括亚伯拉罕·完德斯曼（Abraham Wandersman）、马格瑞特·杜根（Margret Dugan）和安迪·罗伊（Andy Rowe）。另外，药物滥用预防中心的西肯·凯福特瑞（Shakeh Kaftarian）也提供了很多的支持和指导。有很多人为《使能性评估：自我评估和问责的知识与工具》（Fetterman, Kafterian, & Wandersman, 1996）一书做出了重要贡献，为使能性评估奠定了坚实的基础，如亨利·莱文（Henry Levin）、里卡多·米莱特（Ricardo Millett）、乔伊斯·凯勒（Joyce Keller）、森斯尔·高莫日（Cynthia Gomez）、艾伦·高德斯坦（Ellen Goldstein）、谢丽尔·格里尔斯（Cheryl Grills）、斯蒂芬·佛塞特（Stephen Fawcett）、罗伯特·茵（Robert Yin）、约翰·斯蒂文森（John Stevenson）、丹尼斯·米斯尔哥（Denis Mithaug）、吉恩·安·里尼（Jean Ann Linney）、法兰西斯·巴特夫斯（Frances Butterfoss）和史蒂文·迈尔（Steven Mayer）等。

迈克尔·帕顿（Michael Patton）和迈克尔·斯克里文（Michael Scriven）对使能性评估提出了深刻的批评意见，对该方法的细节进行了精简和分类。丹尼尔·斯塔弗尔比姆（Daniel Stufflebean）促进了使能性评估的应用。布拉德·库辛斯（Brad Cousins）和他的同事们在更深层次上区分了合作性、参与性和使能性评估的概念。吉恩·金（Jean King）是合作性、参与性和使能性评估专题兴趣小组的联席主席，她也和苏珊·肯斯特勒（Susan Kistler）一起领导明尼苏达（Minnesota）评估研究中心，她在领导这些组织的过程中促进了对使能性评估的讨论和理解。林恩·阿歇尔（Lynn Usher）所做的工作一直具有很强的激励作用，特别是在自我评估方面。希瑟·维斯（Heather Weiss）在哈佛家庭研究项目中的工作，特别是《论评估交流》一书的创作，促进了合作性、参与性和使能性评估方法的发展和使用。欧内斯特·豪斯（Ernest House）和克伦·科可哈特（Karen Kirkhart）强调评估过程中的社会公平，影响了使能性评估的形成和发展。威尔·沙迪什（Will Shadish）和里·塞克里斯特（Lee Sechrest）强调了这种评估方法的全球化视野。作为美国评估协会的前任会长，他们能够洞察到要成功启动这项工作所需的努力，因此，他们的观察报告得到了很高的评价。

特别感激加拿大评估协会，他们举办了一场富有创造性的研讨会，经过充分的交流，厘清了使能性评估、包容性评估与实验设计之间的差异。尤其需要感谢安迪·罗伊（Andy Rowe）和迈克尔·帕顿（Michael Patton），他们分别是这次研讨会的主要设计者与推动者。

最后，感谢我在斯坦福大学的使能性评估小组成员，是他们促进了使能性评估项目在全世界的推广，有一些人在本书中有所提及。他们一直严谨、深思、细心、耐心，他们的工作源于理智与情感，对他们的感激无以言表。

1. 引言：使能性评估
作为评估知识领域的一部分

···

若我不为自己，谁又为我？若我仅为自己，我是谁？若我现在不为自己，又待何时？

——希勒尔（Hillel）

使能性评估是评估知识领域的一部分。它广泛地应用于美国以及国外的高等教育、政府、市中心的公立教育、非营利性团体和基金会等领域。很多项目和政策部门运用了使能性评估，包括药物滥用防控、艾滋病防控、犯罪防控、环境保护、福利改革、妇女暴力保护、农业和农村发展、成人缓刑、青少年早孕防控、药物滥用的种族合作、自我决定与残障个体、博士项目和教育改革（例如，加快学校发展项目——一项国家教育改革运动）。使能性评估在项目中的运用在《使能性评估：自我评估和问责的知识与工具》（Fetterman, Kafterian, & Wandersman, 1996）一书中有所描述。该书提出了对这种评估方法的进一步思考，展开讨论了使能性评估的背景和理论，定义了使能性评估的三个步骤及相关方面。有些工作坊旨在培训项目成员和参与者对项目和实践进行评估和改进，而这几个步骤是最常用的工具（见 Fetterman，1994a，1994b）。第 4 章用四个案例突出了这些步骤的重要性，这些案例涵盖了医疗、教育等多个系统。使能性评估的效度、可信度和精确度在一个关于高等教育资格认证的案例中得到进一步证明。这个案例为第 6 章有关使能性评估及其标准的讨论奠定了基础。使能性评估与教育评估标准联合委员会制定的标准（1994；也见 Fetterman，1995）相一致，也和评估者指导原则（出自《美国评估协会关于评估者指导原则的任务》，1995）相符合，而且也在美国评估协会中得以制度化。[1]然而，也有非常值得注意和警惕的事项，这在第 7 章中有详细的呈现和充分的论证。第 8 章尝试将使能性评估和其他方法区分开来，重点讨论那些由协会著名成员在所著文献中提出来的问题，这些问题包括过程使用、合作性、参与性和使能性评估之间的关系、目标群体、利益相关者与应用导向的评估之间的相似性、宣传、政治正确性、问责、关注用户、运动、距离、内部和外部评估、使能性评估者或顾问的角色、责任下放等。第 8 章也强调了关于使能性评估论述的转折点，即凯里木斯基（Chelimsky）（1997）所做的工作，他界定了评估的多种目的，包括发展、问责和知识进步等，认为评估者不应再讨论过去关于评估的界定问题，而应将注意力转移到在实践中哪种方法更有用、更合适的问题。本书的结论部分讨论了网络在使能性评估推广中的作用，以及使能性评估的优点、缺点和适用条件。下面将对使能性评估进行简要介绍，为接下来的深入讨论做个铺垫。

概述

使能性评估是评估理念、方法和结果的应用，以促进发展和自我决定。它使用了质性和量化的方法论知识。虽然它也可以应用于个人、组织[2]、社区、某种特定社会或文化，但通常应用于项目。使能性评估有明确的价值取向：帮助人们进行自我帮助，使用自我评估和反思来改进项目。项目参与者（包括客户）自己组织进行评估，外部评估者基于内部项目情况担任指导者或推进者。使能性评估一定是合作的活动，而非个人的追求。评估者不会也不能赋权给任何人，人们在一定的帮助和指导下赋权给自己。使能性评估创造一种有利于赋权和自我决定的氛围，它鼓励参与，并在开放式讨论中审视整个团体面临的问题，从这个意义上来说，使能性评估的过程是民主的。这样就使得评估的背景发生改变：对项目价值的评估并不是评估终点（在传统的评估模式中经常是这样），而只是项目发展过程中的一部分。新的评估背景说明了一个非常简单但通常容易被忽视的真理：价值并非静态的、一成不变的。人员、目标、项目实践知识和价值、外部环境都是极不稳定的。将自我评估的过程和实践内化和制度化，开发一种动态的积极响应的评估方法，可以适应这些变化。正如阿歇尔（Usher）（1995）所述：

通过实时监测和评估自身表现，项目管理者和职员将不再担心犯错误，而且这些错误经常伴随有创新的产生。这是因为，由于规划或执行问题所产生的错误变得明显或严重之前，他们就可以及时发现问题，并进行纠正。因此，如果项目管理者和职员能够且有责任获得项目运行情况的信息，他们就可以开发一些创新性的方法来提高工作绩效。（62—63 页）

在训练有素的评估者的帮助下，团体进行价值评估和相应的项目发展计划，不断地进行反思和自我评估。项目参与者不断地学着去评估项目是否在朝着自我决定的目标顺利进行，并且根据评估结果进行相应的计划和策略调整。在这个过程中，自我决定得以促进，启示得以发生，自由得以实现。另外，价值评估也比较关注项目或组织的运行周期。目标和产出要根据实施过程中的发展水平进行适当调整。例如，不能期待第二年才能完全实施的项目在今年就有显著发展。类似的，考虑到发展阶段，在开始阶段看起来很小的项目成果也应该得到认可和肯定，而对已发展成熟的项目的缓慢发展或产出下降也应该批判性地去看待。

真实和诚实的诉求

使能性评估有很多指导原则。最重要的原则之一是对真实和诚实的承诺。这并非幼稚地要求绝对真实，而是真诚地希望能够在情境中以多个视角来理解事件。目标是从参与者自己的视角尽可能精确诚实地理解情境，继而用可靠的文献和有意义的目标策略来进行改进。与传统评估一样，使能性评估结果以资料为基础，包括项目的褒贬信息。但是，一个重要的不同点在于，利益相关者（即项目成员和参与者、投资者和其他的外部相关者）自己制定目标、过程、产出和影响。另外，项目成员和参与者通常是在外部的使能性评估者的培训、指导和帮助下进行自我评估。使能性评估在"说出你的实话"这个强烈的共享承诺下进行，欺骗显然是不合适的，而且团体会对不真实的结果进行有效且有力的检验。使能性评估有很多检验方法，如是否是民主式参与，参与者是否来自组织中的所有层次，是否将外部评估者视为批判性的，等等。使能性评估就像员工业绩的自我评估。员工与领导就目标、完成目标的策略和可靠资料达成一致意见，以决定员工是否完成了这些目标。然后，员工和他的客户达成同样的一致意见。如果资料不可信，员工将立即丧失信任；但是，如果资料可信且有价值，那么年终员工就可以自我肯定。使能性评估对项目和团体也使用同样的方法。在这种情境下，如果资料很有价值，自我肯定很自然地成了自我评估过程的副产品。缺少可靠的资料，自我肯定毫无意义。另外，外部标准和要求会显著影响自我评估。因此，需要慎重考虑这些外部力量，而且要建立在对项目或团体日常运行的真实理解上。对真实和诚实的承诺指导着使能性评估的每个步骤和每个方面。

使能性评估的步骤

使能性评估有三个步骤。第一步，确定使命或愿景。有些组织不喜欢使命或愿景这些字眼，而是更关注结果。他们认为，希望得到的结果建立在已实施项目的产出和后续计划（列出完成那些过程和产出所需要进行的活动）的基础上。第二步，评估现状，识别和区分出最重要的项目活动。然后，项目成员和参与者对每个活动中的项目实施情况进行评定和讨论，评定一般分为由 1 到 10（由低到高）十个等级。这种做法可以帮助确定项目的目前状况，包括现阶段的优势和劣势。第三步，制订未来计划。团体确定达到愿望所需的目标和策略。目标帮助项目成员和参与者在明确强调发展的同时，确定将来的发展方向。策略帮助达到目标。这些工作需要使用可靠的文字资料进行记录监测。使能性评估者帮助项目成员和参与者确定所需的资料类型，以记录情况在不断朝着目标前进。至此，评估成为项目正常运行和管理的一部分，这也是将评估制度化和内化的一种方式。

使能性评估的要素

在这种新的评估中，培训、促进、宣传、启发和解放都是使能性评估的要素，而不是发展阶段。这些要素不是评估者的附加作用〔评估者的主要作用是评估价值（由 Scriven, 1967; Stufflebean, 1994 所定义）〕，而是评估过程中不可缺失的一部分。克伦巴赫

（Cronbach，1980）提出的发展性观点印证了这一点：评估的重点在于项目的发展、改进和持续不断的学习。

动态的学习型组织

要使使能性评估有效且可信，需要考虑很多方面。参与者的尝试工作要有一定的范围界定，为行为承担风险和责任。乐于分享成功和失败的氛围也很重要。另外，还需要有诚信的、自我批判的、信任的和支持的氛围。正如（Anthony J. D Angelo）所说，"没有关心，就没有群体"。要启动使能性评估，条件并不需要很完美很成熟。但是，自我评估的精确性和有效性在这种氛围下会有很大的改进。负责监控过程的外部评估者可以帮助评估工作可靠、有效、正常地运行，在整个评估过程中提供额外的严谨性、真实性检验和质量控制。缺少这些要求中的任何一个，尝试工作都只能服务于自身，而且作用有限；反之，具备这些要求，尝试工作将会创造出动态的转化性学习型组织（Argyris & Schon，1978；Mezirow，1978）。

结论

使能性评估从根本上说是一个民主过程。整个群体负责指导评估，而不是独立的个人，也不是外部的评估者或者内部的管理者。因此，群体本身就充当着调节器的角色，调整个体参与者的不同意见和日常工作。评估者具有同等的地位，既不是指导者也不是服务者；作为批判性的角色，评估者可以质疑任何意见或"群体思维"。与传统评估一样，每个人都有自己的义务，因而都会有需要保护的利益或日常工作。学校所在的行政区域可能会有监督管理者制订的五年计划；研究生院可能必须满足认证协会的要求；外部评估者可能会因某个重要而苛刻的赞助者而使评估的时间安排或结果受到影响，或者因学习使用某一种理论方法而受到影响。像其他任何评估一样，使能性评估需要在情境中进行。但是，与人们日常生活相关的宏观目标和中间目标之间的范围几乎是无限的。如果能够选择那些与宏观的全球性目标相联系的中间目标，人们通常会感到自主和自我控制感。另外，当自我评估与外界要求和期望相联系时，会变得更有意义。使能性评估也赋权给外部评估者。尤其是在使能性或内部的评估过程中，外部评估者发挥的作用和工作效率得到了加强。多数评估者在评估中没有充分发挥自己的能力，是因为项目缺乏基本的评估机制和过程，外部评估者只能进行基本评估系统的日常发展和维持。然而，在已拥有基本评估过程的项目中，外部评估者可以在更高深更复杂的层次上开展工作。最后，正如凡德普拉特（Vanderplaat，1997）所言：

或许，使能性评估与先前最大的不同是，它承认而且特别尊重人们创造知识的能力，以及凭借自身经验解决问题的能力。(147 页)

下一章将会简要地讨论使能性评估的历史渊源、影响、理论和案例，以阐释促成使能性评估的诸多动力。

注释

1. 使能性评估在美国评估协会中得以制度化，成为合作性、参与性和使能性评估专题兴趣小组（TIG）的一部分。TIG 的主席是大卫·菲特曼（David Fetterman）和吉恩·金（Jean King）。

2. 对不同层次组织的差异解释见史蒂文森、米切尔和弗罗林（Stevenson，Mitchell，Florin）（1996）。对使能性理论的心理、组织、社区等层面的分析见齐默尔曼（Zimmerman）（待出版）。

2. 背景和理论：用相关案例和工具探讨使能性评估的背景和理论

过去是序幕。

——威廉·莎士比亚（*William Shakespeare*）

使能性评估是 1993 年美国评估协会年会的主题，也是我作为协会主席讲话的主要内容（Fetterman，1994a）。这个主题在会议上引起了激烈的对话和讨论，响彻回廊。它是一种应运而生的方法，反映了很多评估者的兴趣、需求和实践问题。会上进行的关于使能性评估的讨论被期刊刊登，特别是在《评估实践》中激发了更深层次的讨论。高水平的智力和情感介入，不管是积极的还是消极的，都显示出这种方法触及了评估团体的核心问题。这也说明了使能性评估方法的重要性。这种方法以自身的精确性为评估做出了贡献，而且作为一种工具可以帮助我们明确或重新审视评估的作用。

背景

使能性评估有很多渊源。我初次有这种想法是在准备撰写另一本书——《权力的使用：交流、合作和宣传》（Fetterman，1993b）的时候。当时，我想知道评估者和社会科学家们采用什么样的方法向同事表达想法，或者向反对者表述担心。我发现，在很多领域关注社会的学者们正在逐渐地使他们的见解和发现为决策者所用。这些学者和实践者提出了一系列重要的问题，包括冲突解决、辍学问题、环境健康与安全、无家可归现象、教育改革、艾滋病防治、关注美国印第安人、天才儿童教育等。这些学者和实践者的目标在于探索成功策略、分享所学经验，以及加强与有教养的公民和强大的决策机构进行交流的能力。合作、参与和赋权是工作中常见的现象，帮助明确使能性评估的概念。

使能性评估源于团体心理学、行动人类学和行动研究。团体心理学的关注点在于，个人、组织和团体对自身事务的控制。有关公众参与和团体发展的文献有很多，莱帕泊特（Rappaport）的《授权与预防：一种团体心理学理论》（1987）是这个领域的经典。索尔·泰克斯（Sol Tax，1958）在行动人类学方面的工作主要是关注人类学家怎样帮助自我决定的群体达成目标，如美国的本土部落。使能性评估也来源于合作性和参与性评估。（见 Choudhary & Tandon，1988；Oja & Smulyan，1989；Papineau & Kiely，1994；Reason，1988；Shapiro，1988；Stull & Schensul，1987；Whitmore，1991；Whyte，1990）。

影响

使能性评估影响了行动研究，也强烈地被行动研究所影响。一

11

般情况下，在行动研究和使能性评估中，利益相关者控制指导相关研究和工作。另外，实践者在咨询和行动方面都有自主权。使能性评估和行动研究的特点是在项目改进中注重具体、及时、目标、实用等方面。它们都要求不断地进行反思和行动，而且强调使用足以完成手头任务的最简单的数据收集方法。但是，这两种方法在概念上和形式上均有区别。例如，使能性评估明确强调自我决定的概念，而且具有明确的团体合作性。然而，行动研究则既可能是个体在期刊文献中发表的成果，也可能是群体与同行分享的书面研究成果（见 Soffer, 1995）。使能性评估从来都不是由某一个体指导，而是由整个群体合作进行，且关注整个项目。行动研究经常是实践者的日常工作责任，而使能性评估则被内化为项目规划和管理的一部分。从这个意义上来说，评估的制度化使得评估更为持续，而不再分散。尽管这两种方法有着一些区别，但是它们的很多相似点确实丰富了使能性评估的内涵。

　　另一个对使能性评估有着重要影响的项目是由亨利·莱文（Henry Levin）等参与进行的加快学校发展项目（ASP），该项目是国家教育学校改革运动之一，强调赋权于父母、教师和管理者以改善教育状况。我们的工作是设计合适的评估计划，以促进对教师、父母、学生和管理者的赋权（Fetterman & Haertel, 1990）。ASP 团队和我还制定了具体的策略，使该项目被广泛接纳，并得以在学校系统中被制度化（斯坦福大学和美国研究中心，1992）。

　　另外，凯洛格（W. K. Kellogg）基金会强调社区设施的赋权，对使能性评估有着实际影响。该基金会将赋权明确为一种投资策略：

　　很久以来，我们一直相信，问题可以由当地带着这些问题生活的人去解决，这是最好的解决办法。换句话说，个体和群体必须要被所在的组织和机构赋权，从而进行改变以解决问题。……我们的项目以团体为基础，赋权于不同的个体、中介、机构和组织，一起合作发现问题并找到高质量高效率的解决办法。在这个过程中，我们一起工作的时间比任何时候都多，以往我们与这些小的新的组织和项目一直很少有交流（W. K. Kellogg 基金会，1992，第 6 页）。

凯洛格（Kellogg）基金会在青年发展、领导力、社区健康服务、高等教育、食品行业、农业发展、家庭和邻里关系等领域做了很多研究工作，说明了"富有创新精神的有责任感的个体能够利用自己的力量进行重要变革"（第 13 页）。例如，在"凯洛格基金会赋权农妇以减少农场上的家庭健康威胁和安全风险"这个项目中，就有参与性评估的成分。桑德斯（Sanders）、巴利（Barley）和詹尼斯（Jenness）在凯洛格基金会中的聚类评估工作也说明了将评估权赋予工程指导者和科学教育工程成员很有意义（1990）。

理论

丹尼斯·米萨格（Dennis Mithag, 1991, 1993）针对残障个体寻求自我调整和自我决定的问题做了进一步工作，提供了新的思路和视角。丹尼斯和我作为美国研究中心的成员，建立了一个两年的教育中心，研究自我决定与残障个体。我们的研究旨在帮助残障学生的监护人和学生自身变得更加自主。我们与自我决定的残障学生及其监护人进行对话，了解了自我决定的行为、态度，以及与自我决定特征相关的环境因素。从这些案例中我们提取出了特定的概念和行为，建立了行为清单，帮助监护人识别和促进自我决定。

自我决定是指掌控自己人生轨迹的能力，是使能性评估的理论基础。它涵盖了很多相关能力，如识别和表达需求的能力、建立目标或期望以及相关行动计划的能力、识别资源的能力、从诸多的备选方案中进行理性选择的能力、采取合适的步骤以实现目标的能力、评估短期和长期结果的能力（包括重新评估计划和期望、采取适当

13

的迂回等），以及坚持追求这些目标的能力。任何一种上述能力的缺失或相关环境因素的缺乏，都会减少个体自我决定的可能性（关于人事代理的自我效能机制，见 Bandura，1982）。

齐默曼（Zimmerman）对使能性理论的研究为使能性评估提供了新的理论框架，主要关注过程和结果。如齐默曼（待出版）所述：

为了清楚地定义使能性理论，对使能性过程和结果的区分很关键。使能性过程试图得到控制权、获得需要的资源，而且批判性地理解社会环境的基本作用。如果这个过程能够使得人们学习技能，从而成为独立的问题解决者和决策制定者，那么它就是使能性的。在不同的分析层面上，使能性过程有所不同。例如，个体层次上的使能性过程可能会有组织或社区的参与；组织层次上的过程可能会有共享的领导力和决策制定过程；而团体层次上的过程则可能会使用政府、媒体或其他团体资源。

使能性结果指的是使能性的实施结果，我们可以研究居民尝试在社区获得更多控制权的行为所产生的后果，以及那些旨在赋权于参与者的干预行为所产生的影响。使能性结果在不同的分析层次上也有所不同。个体层次上的使能性结果可能包括特殊环境下知觉的控制、技能和积极主动的行为；组织层次上的结果可能包括组织网络、有效资源获取和政策影响力；团体层次上的结果可能包括多元化表征、组织合并和可使用的团体资源。

作用

齐默曼（待出版）关于团体心理学家在使能性活动中作用的定义很适合使能性评估者：

旨在干预、实施和评估的使能性方法重新阐释了专业人员与目标群体的角色关系。专业人员是合作者和促进者，而不是专家或顾问。作为合作者，专业人员了解参与者的文化、世界观和生命历程。专业人员与他们一起工作，而不是为他们辩护。专业人员的技能、兴趣或计划不强加于团体，而只是团体的一种资源。这种角色关系意味着专业人员的工作会依据特定的环境和共事群体而定，而并不使用那些在各种情形均适用的技术方法。人际评估和评估技能是必需的，但是怎样使用、在哪里使用、与谁一起使用等问题并不能简单地等同于诊所中心理治疗师与来访者所在的情境关系。

有关使能性理论的大量文献资料都提及了这种方法，如齐默曼（Zimmerman，待出版），齐默曼（Zimmerman）、以色列（Israel）、舒尔茨（Schulz）和切克威（Checkoway）（1992），齐默曼（Zimmerman）和莱帕波特（Rappaport）（1988），达斯特（Dust）、崔维特（Trivette）和拉普万特（LaPointe）（1992）。使能性评估在实际应用中的发展可以指导将来实践，同时也促进了相关讨论。

案例

使能性评估项目虽然在大小和范围上有所不同，但是，它们都关注于自我决定、能力塑造、帮助他人进行自我评估等。加快学校发展项目是美国国家教育改革运动的一部分，涵盖 37 个州的 700 多所中小学。加快学校发展项目体现了使能性评估的内涵：促进自我决定和正在实施的项目的改善。加快学校发展项目工作人员进行能力塑造培训，作为教练（而非专家）与学校成员一起工作。学校团体的成员通过系统的调查参与到评估现状的过程中，包括识别重要事件和活动、提出评估问题、收集和分析资料、报告研究发现等。然后，将从评估现状过程中得到的基本数据与学校愿景进行比较，对差距进行排序，为将来的计划打好基础。学校团体的成员制定标

15

准以决定是否正在接近目标，包括特定的可观测的结果。而且，加快学校发展项目本质上是一个反思的自我评估项目，为了寻求持续发展而审视过程和自我决定的目标是否朝着既定方向前进（见 Levin，1996）。

凯洛格基金会是世界上最大的基金会之一，每年的开支超过 2.6 亿美元。基金会项目评估的最初理念是帮助别人进行自我帮助。基金会的评估并非独立的，而是项目的一部分，旨在促进组织学习、即时过程发展（并非单一的总结性报告）、评估者和被评估者之间的合作等。凯洛格基金会的使能性评估旨在"发展，而非证明"（Millett，1996，第 69 页）。在基金会评估中被评估者承担责任，这样可以促使评估在每个组织之中都被制度化。这种观点在凯洛格基金会的出版物《使能性评估与基金会：一种多视角的分析》中有详细的阐述（1999；也见 Millett，1996）。

还有一个例子是加利福尼亚州的麦瑞（Marin）团体基金会，它是该国捐赠情况最好的基金会之一。该基金会的"加利福尼亚医疗保健服务项目（CHAP）"旨在改善贫困者和被剥夺公民权群体的医疗保健服务。在这个项目中，该基金会成功地合并了七个经常互相竞争的独立机构。他们采取了两步行动计划，创造了利于合作和自我决定的环境氛围。第一步，资助医疗保健服务者之间的合作，取代了传统的竞争模式中独立的医疗保健服务机构争夺相同的稀缺资源的情况。第二步，使用使能性评估来进行群体计划、实施和评估，以促进自我决定和医疗保健服务者之间的合作。我讲授了最初的矩阵模型（第 4 章有所讨论），马格莱特·杜甘（Margret Dugan）为整个评估过程提供指导，强调了逻辑模型在制定策略和目标中的作用。以团队为基础的加利福尼亚医疗保健服务项目（CHAP）使能性评估团队对使能性评估的有效性感到非常满意和激动，他们已经在很多专业协会召开的会议上展示了自己的工作。

16

玛丽·布莱克（Mary Black）基金会也使用了使能性评估来改善资金的分配状况。他们需要资助者、被资助者和评估者三者之间的合作。该基金会运用使能性评估制定了更好的计划书。另外，使能性评估方法帮助建立了一整套问责标准和结果，提高了项目成功和改进的可能性。（Wandersman，Imm，Crusto，& Andra，1999；Yost 1998）

药物滥用防治中心（CSAP）团体合作项目也是成功运用使能性评估的一个案例，它塑造了能力，并在全国范围内改善了项目运行状况。该项目在250多个综合性的团体项目中起到了模范作用，这些项目要求进行自我评估，以提高解决问题的能力，改善项目实施的情况。技术指导和培训在评估过程中进行（见 Yin，Kaftarian，& Jacobs，1996）。

大学也运用使能性评估将评估制度化，并促进自我评价和策略制定。马萨诸塞州的剑桥学院实施了深入长期的使能性评估，以跟踪学生的发展轨迹和统计学资料、记载学生的学习成果、记录校外因素对学生生活产生的影响（毕业生数据）等。另外，他们也运用了使能性评估的理念和方法来描述探索大学学习的方式，包括教室、座谈会、社团组织、实习等。设计和实施制度研究的整个过程都是合作性的、参与性的、使能性的。[1]（Moreton & Pursley，1998）

州政府机构运用了使能性评估过程的不同步骤，包括评估现状和规划将来（Keller，1996）。在传统方法失败后，州机构意识到他们的职员希望参与到评估过程中，因而会运用使能性评估的方法。在这种情况下，评估者是促进者、支持者、训练者、教练员和指导员，偶尔才会是专家。他们提供有用的评估框架和逻辑模型来推动过程进展，识别进展阶段、参与者的任务、评估者的任务、评估者的角色等。在这些工作中，项目参与者一般会提出客观的、自我批评的分析性观点（Dugan，1996）。

艾滋病病毒（HIV）防治项目运用使能性评估的概念和技术，以促进服务人员、研究人员和资助人员在与艾滋病（AIDS）抗争时的合作（AIDS 是美国年龄在 22～45 岁的成人的首要死因）。这种方法用来赋权而不是评判，是分享知识技能而不是发现错误，是用来改善项目的实施情况。评估者促进而不是实施评估工作，也会开设一些讲习班来进行能力塑造，帮助团体组织学习怎样写好申请资助的计划书，以及怎样评估自己的服务（Gomez & Goldstein, 1996）。

一些非洲裔美国人团体有着自我决定的传统，会运用使能性评估服务于社区组织、公共政策执行、药物滥用防治计划和策略等。公民权利和团体激进分子经常询问、批评、评估、改善自身工作以解决如下问题：有些经济问题导致了可卡因贩卖，有些教育不公平问题导致了失业，有些酒类专营店的扩张导致了破坏性的暴力行为。使能性评估的价值与团体激进主义一致，而且评估的准确性促进改善了团体联盟中已经存在的自我反思文化实践（见 Grills, Bass, Brown, & Akers, 1996）。

使能性评估可以帮助"联合之路"（受虐妇女的附属应急避难场所）和"人类家园"项目实现目标。之所以运用使能性评估，是因为它与服务组织的理念相符合，即受益于且依赖项目参与者的智慧，关注项目改进和问责（见 Andrews, 1996）。在团体联盟中使能性评估也很有用，特别是在青少年怀孕防控、青少年和成人药物滥用、种族药物滥用防控等领域。在这些工作中，目标是使社区成员的经验性知识合法化、承认研究和评估中价值的作用、赋权于社区成员、使研究咨询工作民主化、加强社区评估数据的相关性等。这个领域的工作突出了使能性评估的多样化目标，使用了自我评估来促进每个阶段的发展进步和自我决定（Fawcett, Paine-Andrews, Francisco, Schultz, Richter, Lewis, Harris, Williams, Berkely, Lopez, & Fisher, 1996）。

　　有些社区联盟关注酒精和毒品滥用，也意识到评估者在建立组织学习能力过程中所起的关键作用是评估过程的一部分——使能性评估实践的基本部分（Stevenson，Mitchell，& Florin，1996）。下面以一些例子来进一步说明运用使能性评估的组织的范围和广度。例如，扭瓦学校（Neuva）（加利福尼亚州的一所先进的天才学校）运用使能性评估改善可持续环境中的教学艺术。这个群体在很多方面展示使能性评估的精神，包括自主追求目标。扭瓦学校的老师在教练举办讲习班的间隔中举办自己的讲习班，在没有评估者指导的情况下重新区分出重点次序。当评估团队回来时，这些老师向我们展示了一系列新的目标，希望在我们的帮助下实现这些目标。

　　罗立（Lore）团体推动实施了青年使能性评估首创计划，该团体是以旧金山为依托的非营利性咨询培训公司，旨在促进社会公平和青年发展。青年使能性评估计划阐释了青年人如何进行自己的项目评估（Zimmerman & Erbstein，1999）[2]。美国农业部的团体食品项目（一个食品安全计划）和环境保护机构的工作说明了联邦政府也在参与和运用使能性评估。在合作性、参与性和使能性评估的网页上可以看到另外的一些项目（http：//www. stanford. edu/-davidf/empowermentevaluation. html）。

工具

19

　　使能性评估和自我评估有很多方法和技术。例如，《项目评估方法集锦：公共健康管理蓝皮书》（Porteous，Sheldrick，& Stewart，1997）是一本很好的指南，它将评估融合在项目管理中。《每日进行的评估》（Wadsworth，1997）为自我评估提供了用户友好指南。《防控和第三模型》（Linney & Wandersman，1996）介绍了一种大众化的评估学校和团体防控项目的方法，包含四个步骤，由非专业人员使用。《关注项目成果：联合之路向导》（United Way，1996a）和《项目成果测量：一种实用方法》（United Way，1996b）是由美国的"联合之路"开发的项目成果指南。《团体自我评估工作手册》（1995）由美国司法部的青少年司法和犯罪预防办公室出版，而且美国教育部也出版了《让信息为你所用》（1997）。

计划质量问卷是评估团体计划的研究工具。它也可以将信息反馈给团体联盟成员和参与者，以改善团体的防控计划和活动（Butterfoss，Goodman，Wandesman，Valois & Chinman，1996）。使能性评估矩阵是可以对项目进行排序或评估的电子表格，也可以促进项目成员和参与者开展有关项目活动排名情况的讨论（Fetterman，1998a）。逻辑模型可以帮助项目参与者更加清楚地表述项目理论，其主要作用是帮助项目成员和参与者来解释项目如何工作，并提供了一个测量基准，以使他们更加有信心去描述检测自己所做的工作（Dugan，1996）。

另外，女性的使能性日志帮助母亲们注意并记录下她们在试图摆脱福利时所做的日常努力，她们为达到更高自我效能需要克服许多障碍。一种关于经济适用房评估的方法为居民提供了管理者调查问卷、建立焦点团体的指导、结果汇报样本大纲等，可以帮助居民在经济适用房开发中提高生活质量。一本关于团体基金会领导力项目的书介绍了发展动力学中共同发现的经验教训。迈尔（Mayer）（1996）参与的一个犯罪和毒品防控评估提出了"防控论坛"模型，旨在建立评估的地方所有权，建立并加强不同的团体参与者之间的联系，帮助团体成员建立自己针对犯罪和毒品滥用的批判能力。

20　　一些网站有自我帮助的评估工具，可以帮助进行使能性评估。这些工具包括：《凯洛格基金会评估手册》（http：//www.wkkf.org/Publications/evalhdbk/default.htm）、国家自然科学基金会的《混合评估方法用户友好手册》（http：//www.nsf.gov/cgi-bin/getpub？nsf 97153）和《工程评估用户友好手册》（http：//www. ehr. nsf. gov/EHR/RED/EVAL/ handbook/handbook. htm），以及司法办公署的评估网站（http：//www. bja. evaluationwebsite. org/html/roadmap/index. html）。安妮·凯西基金会（Annie E. Casey）的工具通过采取家庭对家庭的方式而有所发展，如在教堂山（Chapel Hill）的林恩·阿歇尔（Lynn Usher）团队开发的工具——《自我评估的需求：用数据指导政策和实践》（http：// www. aecf. org/familytofamily/tools. htm）。

SRI 的教育和人力资源董事会也有可以用来指导评估的网络资源（http：//oerl. sri. com/）。这些材料包括评估计划、工具和报告；指导路线；质量评定标准；词汇使用标准。项目类别包括课程发展、教师教育、教师发展、实验室改进和非典型人群。

InnoNet 是一个向其他非营利性组织提供参与性评估服务的非营利性组织，在网站上提供了评估工具箱（http：//www. innonet. org）。CDC EZ-Text 是一个免费的 Windows 质性软件项目，可用来帮助研究者开发、管理和分析半结构化的质性数据，[3]其网址是 http：//www. cdc. gov/nchstp/hiv_ aids/software/ez-text. htm。类似地，AnSWR（文字记录分析软件）是另一个 Windows 免费软件系统，可以协调指导综合使用质性和量化方法的以团队为基础的大型分析项目，[4]其网址是 http：//www. cdc. gov/nchstp/hiv_ aids/software/answr. htm。还有很多商业软件可以帮助进行使能性评估，如 PROMES2，代表了项目管理、监测和评估系统，也可应用于传统性或参与性过程。[5]

克里兹曼（Krezmann）、米克奈特（McKnight）和西罕（Sheehan）的工作对指导以社区为依托的评估很有用。你可以订购克里兹曼、米克奈特和西罕的《能力清单指导：调动本地居民的社会技能》（1997）（http：//www. nwu. edu/IPR/publications/capinv. htm），可以下载克里兹曼和米克奈特的《社区能力测绘》（1990）（http：// www. nwu. edu/IPR/publications/mcc. htm）。西北大学的以资产为依

21

托的社区发展研究所也有个相关网页 http：//www. nwu. edu/ urban-affairs/programs/abcd. html。

保罗·杰恩吉（Paul Jahnige）的"社区资源组织"[6]，试验性地开发了一种城市参与式社区评估方法——"了解你的社区、展示你的社区"。这个工具有利于参与性和使能性评估在城市社区和贫困社区的使用，其网址是 http：//www. communityresources. org/pua. htm。最后，如上所述，《项目评估方法集锦：公共健康管理蓝皮书》（Porteous，Sheldrick，& Stewart，1997）的网址为 http：//www. uotta-wa. ca/academic/med/epid/toolkit. htm。

对成功案例的简洁回顾有助于深入了解使能性评估的使用范围。另外，每个使能性评估的成功案例都帮助精简了过程，以及识别该方法的有利和不利条件。很多项目开发了有用的工具，以推进过程进展。上述讨论重点论述了使能性评估方法的背景，包括历史渊源、影响、理论和案例等，也为下章讨论使能性评估的步骤和相关要素提供了理论及相关基础。

注释

1. 马格莱特·杜根（Margret Dugan）和我作为顾问小组成员参与了这个项目。在这个案例中，我们代表的是项目顾问，而不是使能性评估者。

2. 在加拿大渥太华卡里特大学（Carleton University）社会工作学院工作的伊丽莎白·威特莫尔（Elizabeth Whitmore）现在正在这个领域做着很有意思的工作。那里的年轻人正在进行自我评估，如撰写自我报告。

22

3. 研究者可以设计一系列与问卷相匹配的数据输入模板。这些问卷通常在与访谈者的面对面访谈中实施。问题的答案在录入 EZ-

Text 时可以是逐字的文字记录（如从录音中获得），也可以是访谈者笔记的总结。被访谈者的资料可以被直接输入模板，也可以从文字处理文件中复制过来。在资料输入之后，调查者可以交互式地创建在线编码本，为特定资料编码，进行案例研究，进行资料搜索以识别满足用户特殊条件的资料，输出具有通用格式的资料以与其他质性或数据分析软件一起进行深入分析。项目管理者可以将不同访谈者的资料库进行整合以进行跨点合并分析。输出和输入编码本的功能可以帮助协调多个编码者同时对同一资料进行编码。

4. AnSWR 的设计是用来满足以下的质性数据分析要求：协调以团队为基础的质性数据分析；管理复杂的大型质性数据库；充分整合量化数据；创建结构式的编码本；对编码结构进行分级；对文本进行编码；评估编码者间的一致性，包括 kappa 分析；灵活选择具有多种标准的报告方式（如文件、编码、编码者和量化变量）；输出格式有利于量化和质性项目输入。

5. PROMES2 的通信地址：Management for Development Foundation，Attention：Ms. Annet Lier，P. O. Box430，6710 BK Ede，The Netherlands；电话：（+31）318 650060；e-mail：mdf@ mdf. nld. toolnet. org。

6. "社区资源组织"通信地址：Paul Jahnige，Community Resources，5131 Wetheredsville Road，Baltimore，MD 21207；电话：（410）448-0640；传真：（410）448-0874；e-mail：director@ communituresources. org；网址：http：//www. communityresources. org。

3. 三个步骤：呈现
使能性评估的步骤及相关要素

凡事尽可能简洁，但不能太过简单。

——阿尔伯特·爱因斯坦（Albert Einstein）

使能性评估的步骤

帮助他人学习评估自己的项目有三个步骤：（a）制定使命、愿景或者统一的目标；（b）评估现状或者确定项目所处的阶段，如优势和劣势；（c）规划未来，建立目标并帮助参与者确定完成目标所采取的策略。另外，使能性评估者帮助项目成员和参与者确定需要记录的资料类型，而且准确地监测项目朝着目标方向前进。这些步骤创造了一个促进解放和"交流行为"（Habermas，1984）的"交流空间"（Vanderplaat，1995）。

使命

使能性评估的第一步是要求项目成员和参与者明确使命。这个步骤可以在几小时内完成。使能性评估者推进召开开放式的研讨会，使尽可能多的项目成员和参与者参加。

项目参与者需要给出能够描述项目使命的关键词。这项工作甚至可能会在使命明确后才完成，因为会有很多新的参与者，而且在民主开放的讨论中不一定会有原始记录。这种方式使得新想法可以成为使命的一部分，而且参与者有机会说出自己对项目使命的看法。小组中的参与者对项目的看法有很多分歧是很正常的，即便他们已经共事了很多年。评估者一般会在展板上记录下这些词组。

然后，要求一个项目参与者自告奋勇将这些长短不一的词组写成一两段话。小组会共同分析这段话，进行修订和改正，然后达成一致意见。小组成员并不一定要百分之百地赞成，只要愿意接受即可。使命代表小组的价值观，也是下一步"评估现状"的基础。

评估现状

使能性评估的第二步是评估现状。这个步骤也可以在几小时内完成，分两个阶段。第一阶段列出当前对项目运行很关键的重要活动清单。再一次地，使能性评估者作为促进者，要求项目成员和参与者列出项目的最重要特征和活动。有 10~20 项活动就够了。列出清单之后，进行优先排序，确定当前值得评估的最重要活动。

使排序时间最小化的一种方法是用点数进行投票。使能性评估者给每个参与者 5 个点棒，要求参与者把他们放在自己想投票的活动上。参与者可以把他们放在五个不同的活动上，也可以全部放在

25

一个活动上。数出点数就可以轻易地识别出最前面的 10 项活动。有着最多点数的前 10 项活动就是当前最值得评估的活动（这个过程不对前 10 项活动的价值进行深入的讨论比较）。

评估现状的第二个阶段是对这些活动进行评分。项目成员和参与者就每项活动的完成程度进行评分，有 1~10 十个等级，10 是最高分，1 是最低分。项目成员和参与者只知道关于活动最低评分。如果需要的话，可以进行进一步的阐明，但是详细的定义和阐明是接下来的对话过程的重要部分。（如果在这个阶段要求每个活动都有完美的定义，那么小组将永远无法进入评分阶段。评分阶段会进行深入的对话、阐明和交流）

图 3.1　这是大卫·菲特曼作为使能性评估的促进者的照片。他把小组提供的想法和信息记录在展板上。他需要确保每个人都有机会发言，而且也担任着批评者的角色——激励他们阐明术语、想法和论断。

参与者通常会先在自己的纸上写下每项活动的评分，然后走到房间的前面，在展板上记录下他们的评分。这在一定程度上保证了评分的独立性。另外，这也避免了长时间地猜想和确定其他人的评分结果。

同时，这个过程不是保密的。项目成员和参与者将他们姓名的首字母写在矩阵上面，然后记录下他们对每项活动的评分。与多数研究设计相反，通常情况下这种方法的设计是为了保证每个人都互相知道评估结果并且被这些结果所影响（在将结果写在展板上之后）。这是使能性评估过程中社会化过程的一部分，展开讨论并且向着更为开放的方向进行——说出实话。

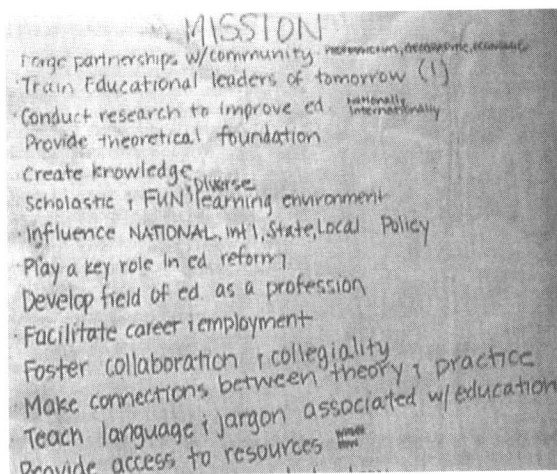

图 3.2　这张展板记录了确定教育学院使命的第一个阶段。促进者在这张展板上记录了项目参与者关于使命的词组。然后，将这些词组转化为一个更为正式的文本，其长度从一段到几页不等。

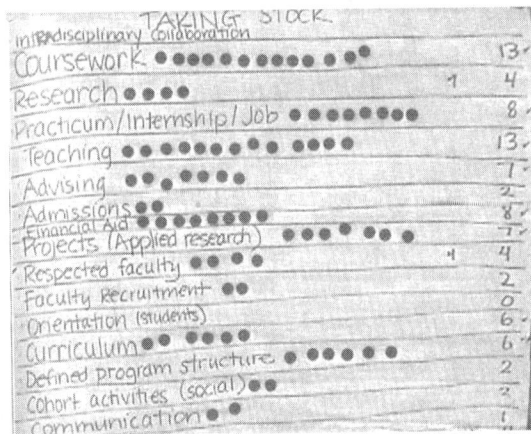

图 3.3　这张照片拍的是典型的评估现状排序活动。用黑点来选出项目中最重要的活动。每个活动获得的总点数写在展板的右边。选出点数最多的活动来进行评估现状活动的第二阶段——为每个活动评分。

　　使能性评估的评估现状阶段在开放的环境下进行，主要有三个原因：（a）这种方式创造了信息的民主式流动和交换；（b）这种方式下管理者很难有私心，因为是开放的讨论；（c）这种方式使得开放式的沟通更有可能顺畅熟练，因为项目成员和参与者要一直处在那种环境中。如果不考虑工作规范，纯粹的开放式讨论不会有很大的成效。它们经常会脱离现实，而且很有可能会适得其反。

　　如果仅仅要求项目成员和参与者给出项目的整体评分，那么他们很可能会给出一个较高的分数。因此，要求项目成员和参与者从评估单个的项目活动开始是很重要的。他们很可能会给一些活动低的评分，如果他们拥有同样的机会来给其他活动高的评分。这些评分可以按人、按活动进行合并和平均。这可以使我们看到积极的和消极的参与者。参与者可以看到与同事相比自己所处的位置，有利于他们将来调整自己的评分。当然，比较重要的评分是按活动进行合并。每个活动都有一个总分和平均分。合并单个活动的平均分会得到一个总的项目评估，经常会低于外部评估得分。这是特定特殊项目活动的第一个标准数据。这可以用来比较随着时间而带来的变化。[1]

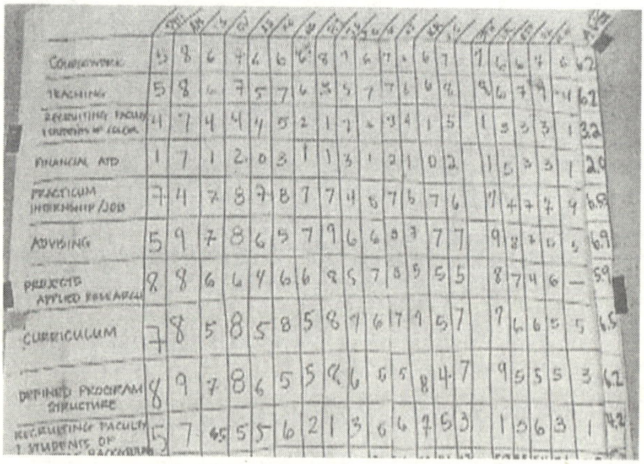

图 3.4　这张矩阵的照片显示了使能性评估过程中评估现状的第二个阶段。左边一栏是活动，参与者姓名的首字母在矩阵的顶部。个人关于栏中每个活动的评分直接写在姓名首字母的下面。平均分写在下面和右边。这个工作表有利于关于项目状态的对话的进行。

所有这些工作为使能性评估过程的最重要部分之一——"对话"奠定了基础。使能性评估者促进了有关评分的讨论。一个问卷调查就可以完成这个任务。但是，促进者想要探究和询问的是为什么一个人给"交流"6分，而另外两个人给的却是3分。参与者需要解释他们的评分，而且提供支持资料。这为使能性评估的下个阶段——"规划未来"做了铺垫，在下个阶段他们需要详细说明一些证据，以证明这些活动正在帮他们完成目标。在这个阶段中使能性评估者充当的是批判性朋友的角色：促进讨论，确保听到每个人声音的同时要具有批判性，并且不停地问"那是什么意思呢?"，要求参与者对特定的评分或观点进行进一步的阐述和证明。

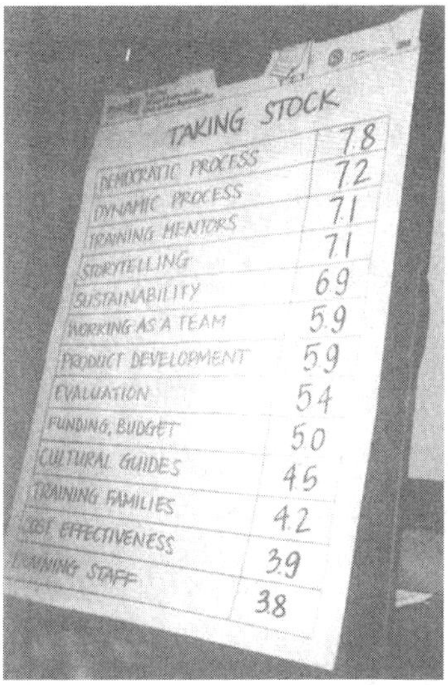

图3.5　这张海报总结了评估现状活动。它经常被用来指导初级阶段的活动从而规划未来的活动。它总结了评估现状的结果，而且从高到低对每个活动的评分进行了排名。

参与者需要给出评分的正面和负面证据。例如，如果他们给"交流"评3分，那么会有人问为什么是3分。典型的回答是因为交流不顺畅，而且会继续说明导致这个问题的原因。使能性评估者倾听而且记录，然后再次提问，关注"为什么是3分而不是1分"的问题。也就是说，还必须要提供一些正面信息。使能性评估很重要的部分是以优势为基础；但是，在弱势方面，也有一些典型的正面信息可以加强本项活动或其他活动。如果仅仅关注问题，那么参与者所看到的就都是困难，而不是在实践中建立起来并得以促进的优势和机会。

一些参与者给他们的项目或特定活动不切实际的高评分。缺失合适的记录、同事评分和现实环境提醒——例如，高辍学率、学生带枪上学和高中的种族暴力，可以帮助参与者重新纠正自己的评分。提醒参与者他们可以在讨论会的对话和交流阶段，以从同事那里听到的和学到的为基础，来改变自己的评分。评分并非一成不变的。但是，在一些案例中，评分会高于同事认为合适的分数。但是，如前所述，这个过程的重要性并不在于正式的评估，而是创造了一个标准，以此来衡量未来的进步。另外，它增强了参与者收集资料以支持评分的敏感性。

分析完四五个例子，以不同评分开始而以相似评分结束（用以确定对相同或相似的评估是否有全然不同的原因），讨论会的这个阶段基本上就结束了。小组或指定的小组委员会继续讨论评分结果，然后小组会进入下一个"规划未来"的讨论中，带着最后评分和对评分的简单介绍或解释（小组可以分享回顾这个结果，在一段时间内评分结果还可以改变，然后在查阅资料的基础上寻求一致性）。这个过程比问卷调查有优势，因为它有很高的回答率——接近 100%（取决于现场的项目成员和参与者的人数），而且参与者可以讨论评分的含义，根据学到的东西重新修正评分结果，这样可以最大限度地减少关于特定问题的沟通障碍和其他误解（如定义术语的不同或使用了不同的评分系统）。在讨论和争论这些评分的过程中，参与者了解到 3 分和 8 分对群体中的个人来说意味着什么。这是一种规范化的形式，建立了小组内的意义和解释共享。

规划未来

在评估完项目进展情况并提供相关证据支持之后，项目成员需要回答"你们想要到哪里去"的问题。要询问他们想怎样改进做得好与做得不太好的事情。使能性评估者要求小组使用评估现状的活动列表作为他们为未来做计划的基础，也就是说，使命指导评估现状，而评估现状的结果指导未来的计划。使得评估和行动计划的每一步相一致且具有可观测性。

项目成员和参与者需要在评估现状的基础上列出他们的目标。他们建立与每个活动有关的特定目标。然后，使能性评估者要求小组成员提出完成每个目标的策略。他们也需要给出支持证据以确保朝着特定目标前进。项目成员和参与者提供所有的信息。

使能性评估者在这个过程中既不是上级也不是下级，项目成员、参与者和评估者都是平等的。使能性评估者提供合适的想法，而并不是主宰讨论。使能性评估者的主要作用是作为一个教练、促进者和具有批判性的评估朋友。使能性评估者必须能够作为促进者，帮助项目成员和参与者取得进步并说出自己的想法。评估者还必须要有很强的分析性和批判性能力，要求或促进参与者阐明、记录、评估自己正在做的事情，以确保完成特定目标。如果评估者只具有批判性和分析性，小组将会放弃努力。使能性评估者必须保持这些人力资源的平衡，或者与小组内外那些能够帮助维持平衡的其他教练合作。

选择的目标应该建立在与管理者和客户相联系的基础上，以确保与他们的观点相关联。另外，目标应该联系实际，要考虑到初始条件、动机、资源和项目驱动力等因素。还应该考虑到外部标准，如认证机构的标准、监督者的 5 年规划、理事会的命令、部门标准等。

另外，很重要的一点是，目标应该与项目的活动、人才、资源和能力范围有关。传统的外部评估的一个问题是，参与者只能以间接的方式影响项目的宏大或长期的目标。在这些目标中，个人的日常活动和最终的长期项目产出经常没有关系。使能性评估鼓励项目参与者选择与他们的日常活动相关的中间目标。然后，这些活动就可以与更大更广的目标相关，从而使活动与产出相关联。

使能性评估鼓励项目参与者创造性地建立目标。经常会使用头脑风暴的方法来产生一系列新的目标。在这个过程中，个体需要陈述他们对正在进行的项目活动的想法。在头脑风暴阶段之后，通过批判性回顾和达成一致意见的过程，目标会变得更加精确、精简、实际。

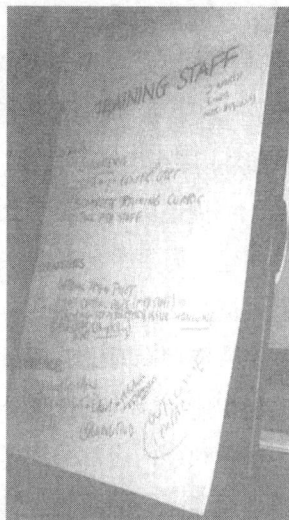

图3.6 这是规划未来活动的员工训练环节的展板。这个过程的三个要素是目标、策略和证据。促进者将参与者的想法写在展板的合适地方。

任何时候都有很多需要努力实现的目标。当小组开始回顾项目并设立目标时，很快就会意识到应该达成一致意见，以确定需要关注的最重要事项。确定这些重要事项，需要参考下列因素：（a）对项目运作的重要性，如教学在教育系统中的重要性；（b）及时性或紧急性，如需要新增人员或预算问题；（c）愿景，包括社区建设和学习过程。

当项目参与者工作安排很重时，设定目标会很缓慢。对工作节奏的敏感性很关键。当每个人都在努力挣扎时，任何形式任何目标的额外任务都会很容易被认为是一种负担。因此，应该让对特定目标感兴趣的个体志愿作为小组领导者来负责工作，确保随后的内部问责可以顺利进行。

开发策略

为了完成项目的目标，项目参与者还需要负责选择和开发策略。同样需要经历头脑风暴、批判性回顾、一致同意等过程来建立一系列的策略，最后会回顾并确定这些策略的有效性和合适性。考虑到赞助者和客户的意见，确定合适的策略是使能性过程的关键部分。项目参与者对自己的工作最为了解，使能性评估承认并利用这种专业性。在这个过程中，应该将项目参与者放在驾驶员的位置上。

记录进步

34

项目成员和参与者需要回答应该用哪种类型的资料或证据来监测项目是否朝着目标前进。这是个批判性的阶段。需要检查各种形式资料的相关性，以避免花时间去收集那些没用或不相关的信息。项目参与者需要解释某种资料是怎样与特定的项目目标相关联的。这个回顾的过程很难且很耗时，但是避免了在项目最后阶段浪费时间或存有误解。另外，那些可以说明评估不是自私自利的资料一定要严谨可靠。（关于这点的进一步讨论，见 Fetterman，1994b）

整个过程包括建立使命、评估现状和规划未来，这建立了一个清楚的逻辑模型或项目理论，阐明了没有什么比一个好的行动理论更有实践性，特别是当这个理论是建立在参与者的个人体验上时。（关于项目理论的进一步讨论，见 Bickman，1987；Chen，1990；Connell，Kubisch，Schor，& Weiss，1995；Cook & Shadish，1994；McClintock，1990；Patton，1989；Weiss，1998；Wholey，1987。）使能性评估的要素进一步阐释了这种建立在实践基础上的方法的理论内涵。

使能性评估的要素

培训、促进、宣传、启发和解放是使能性评估的所有要素或发展阶段。使能性评估重点在于项目的发展、进步和终身学习。这些要素或者分界点帮助使能性评估者理解使能性评估的连续性。他们与麦斯勒韦等级（Maslowian hierarchy）很相似，是发展阶段或基础。训练和促进是使能性评估最基础的交流形式，为其他要素或发展阶段奠定了基础。一旦项目成员和参与者学会了怎样评估自己，他们就可以使用评估结果以寻求支持。另外，成为评估过程的一部分是启发和解放的前提条件。对使能性评估的元评估可以使用这些要素作为标准来确定被评估的使能性评估的类型和水平，或者确定使能性评估的发展阶段。

培训

培训，指的是在使能性评估中评估者指导人们进行自我评估并因此提高自我效能感。这种方法使得评估不再敏感或神秘，帮助组织内化评估原理和实践，使评估成为项目整体规划的一部分。通常情况下，外部评估仅仅是依赖性的活动，而不是使能性的体验，评估过程随着评估者的离开而结束，留下的项目参与者并没有知识和经验来继续进行评估。与之相反，项目参与者进行的评估会一直进行，而且已经内化在系统内，为能力发展创造机会。

在使能性评估中，培训可以划定范围，强调分类和关注点。培训也可以对项目进行初步评估，还可以帮助建立目标、制定完成目标的策略，确定记录进步的资料。培训小组指导自我评估等同于设计评估或研究（这是训练的核心），是任一种评估的标准化部分。培训会一直进行，因为在新的理解阶段需要新的技能。培训也是对项目进行自我反思和自我评估的一部分，参与者必须学习什么时候需要更多的工具来继续和改进项目。在使能性评估中，自我评估过程很深入，会深入到项目的每个部分，甚至会反思会议的操作过程，并应用于将来的实践中。

从本质上来说，使能性评估的理念是"授人以鱼，你可以养活他一天；然而，授人以渔，他可以养活自己的余生"，并且将这种理念应用到评估中。而且，在使能性评估中评估者和参与者都能从评估中获益，并可以互相学习。（有用的训练工具样本详见 Dugan，1996；Fetterman，1998a；Linney & Wandersman，1991，1996；Mayer，1996）

促进

使能性评估者作为教练或促进者，帮助别人进行自我评估。在我作为教练的角色时，我对工作提供大概的指导和引导，并且参加会议讨论以便在必要时进行监测和帮助。强调项目成员和参与者进行工作的自我管理很重要，否则，项目成员和参与者最初就会将使能性评估者作为专家来咨询，这会使他们依赖外部力量。有些情况下，我的任务是清除障碍，识别并阐明误解的形式。我也会和内部的使能性评估者一起参加许多会议，在不同的地方提供解释、建议和意见，以确保这个过程机会平等。（一个在内部小组工作的例子，请见 Fetterman，1996a，p. 11）

使能性评估的教练还可以提供有用的信息，关于怎样建立促进的团队（平衡之前简要提过的分析性和社会性技能），与有反对意见（但很感兴趣）的单位一起工作，召开生动的会议，赋予枯燥的单位以活力，以及解决不同的草案问题。这些小建议可以避免工作严重偏离正轨。教练可能还需要帮助用最小的额外宣传来进行评估设计。

不管怎样，使能性评估的教练必须要确保评估依然掌控在项目成员手中。教练的任务是在评估者的训练和过去经验的基础上，提供有用的信息，以使工作正常开展。

宣传

前面讨论过的一个普通的研讨会对自我评估进行了阐述，以及自我评估在个人层面上与支持相关。工作人员经常与管理者以及客户一起合作，在特定的时间限制下，建立目标并制定达成目标和记录进步的策略。工作人员收集自己工作绩效的资料，并展示自己的案例以进行工作表现评估。因而，自我评估变成了一种宣传工具。这种个人的自我评估过程可以很容易地扩展到小组或项目层面上。

赞助者和项目管理者投资一个项目，希望得到投资回报。他们对项目成员和参与者的口头允诺或者免费工作并不感兴趣。他们感兴趣的是，看到合适的过程和特定的结果，尤其对于那些有明显效益的投资项目。当项目成员和参与者拥有宣传资料时，在申请资助时会好一些，特别是有一些满意的结果可以与赞助者和管理者分享时。当项目成员和参与者能够证明用资助所做的工作较为有效时，他们可以较好地与赞助者分享工作的负面表现，并申请资助来改进工作绩效。这些都是有效的宣传形式。如米尔斯（Mills）1959 年所述：

正在进行工作的社会科学家没有必要让工作意义受外部力量的影响，或者由他人决定用途。讨论意义且自己决定用途完全是他们自己的权力。（第 177 页）

在项目成员和参与者进行自我评估并规划未来时，也可以应用同样的理念。（建立在研究和评估基础上的宣传案例，见 Fetterman，1993b，1996a；Hess，1993；Hopper，1993；Parker & Langley，1993；Weeks & Schensul，1993）

启发

启发是一种开放的、祖露的、启示性的经历。一般情况下，在确定价值和努力改进项目的过程中，有关作用、结构和项目驱动力的新思路和想法就出现了（见 Partlett & Hamilton，1976）。使能性评估在很多方面都具有启发性。例如，使能性评估中一个几乎没有研究背景的管理者，在讨论指标和自我评估过程中提出一个可检验的研究假设。这不仅对整个小组或其本人具有启发性，而且可以发现在有机会思考问题并提出可行的选择、假设和检验时，这个小组可以做些什么。这种启发经历与第一次提出研究问题时一样，会让人陶醉于知识的魅力。那些在其他传统下经受训练的评估者，在突然看到这种方法的力量时，也会有这种体验。正如一位同行在一次展示中所述，"我明白了：这不是格式化的，而是可改变的！"当人们体会到自我评估的艺术性和科学性时，这种过程为学习者（为我们所有人）创造了动态的群体环境。（额外的例子，见 Fetterman，1996a，pp. 15-16；也见第 4 章的案例）

解放

启发为解放提供了基础。它可以释放有力的、解放的力量进行自我决定。解放是从之前的角色和限制中被释放或者释放自己。它经常涉及对自己和他人的新的概念化。使能性评估是解放性的。之前讨论的很多例子证明了个人可以怎样掌控自己的生命，以及用合适的方式进行自我评估，将自己从传统的期待和角色中解脱出来。这些例子也证明了使能性评估能够怎样使参与者发现新机会，用新眼光审视现有资源，重新定义他们的地位和将来的角色。

例如，奥克兰（Oakland）公立学校系统的学校护士用这种方法帮助理解他们在学校区域承担的角色。他们是受过高级教育的专业人员，但是，他们没有充分发挥作用，只是在用绷带对小孩的胳膊进行急救。这种高级劳动力做着仆人的工作，与其自我实现价值相冲突，也与管理者资助其工作所耗费的经济代价不符。这些护士使用了使能性评估方法来帮助定义以后的工作角色。他们变得更加关注整个学生群体的生活环境，而不是仅仅局限于关注学生个体。这使他们从高度限制的角色中解脱出来，也使得他们的工作更加有效，得到了管理部门的欣赏和夸赞。例如，他们开发了针对哮喘病、艾滋病等疾病的高度专业的健康服务，而不是在整个区域内只提供一般的健康服务（几乎没有影响力）。这种针对目标的方法比一般的健康服务方法更为有效。管理者很欣赏这种改变，因为它显示出了特定的可测量的产出结果（这也使结果看起来很好）。

图3.7　一个南非的妇女站在社区的自家门前，在那里已经开始进行重要的自我评估发展工作。

40　　　在南非的城镇进行使能性评估时，解放显示出了较大的重要性。

图 3.8 这张照片中的住房和卫生问题显示了种族隔离后被剥夺公民权的南非社区所面临的问题。

图 3.9 这是我的一些南非同事，我们一起回应社区健康需要，这些需要包括从抽烟到高血压的系列问题。

社区成员在大范围的社区参与健康保障项目时使用了使能性评估。

他们使用自我评估来监测成功或失败，并进行新的构建。这项值得称赞的工作发生在贫穷和暴力的背景下（Fetterman，1993a）。

在种族隔离的背景下，项目成员和参与者每天都经历着个人解放。他们的很多日常活动，特别是与自我决定和自己掌控生活相关的那些活动，在种族隔离政策废除前都是违法的。凯普镇（Cape Town）附近的一个贫穷的黑人社区正在实施和评估禁止吸烟、预防高血压和青少年怀孕项目。这个进步的、自我反思的社区反映出渴望民主和重建南非的真实精神。

值得一提的是，在使能性评估中，解放也适用于评估者。我想起在一个镇的会议上，我就"怎样设计一个自给自足的社区花园"提出建议，然后有人告诉我"不是现在，大卫"。传统的评估者可能把这视为资源的低效使用，是来自外地的评估者的一次失败经历。我个人认为，那个传统的评估者并不正确，作为一个使能性评估者，我很开心地看待这次经历。他们正在"接纳"。他们不再像之前一样需要我，他们可以掌控自己的生活。这对评估者来说是一种解放，因为我们学会了承担一种新的、不占优势但更有效的角色——培养并促进自我决定。

图 3.10　项目指导者和我在商量关于自给自足的社区规划。

结论

使能性评估的步骤简单有效，使得自我评估过程系统化，且由项目成员和参与者自己掌控。使能性评估的要素和发展阶段帮助评估者和项目参与者识别关键的发展阶段和水平，还可以作为元评估的标准来评估使能性评估方法的有效性和进展情况。后面一章呈现了几个案例，以进一步解释使能性评估的步骤和要素。

注释

1. 项目成员和参与者应该按照一定的程序重新审视这些活动的评分。在一些案例中，每月都要进行比较。但是，大部分项目进行重新审视的间隔时间一般为 3 个月、6 个月或者 12 个月。

4. 四个案例：
用案例阐述使能性评估的步骤

很少有什么事比一个好榜样的麻烦事让人更难以忍受。

——马克·吐温（*Mark Twain*）

案例可以说明使能性评估的意义。因此，本文选择了不同系统的四个案例来证明这些步骤怎样在实践中发挥作用。第一个是儿童医院项目，第二个是阅读能力提升项目，第三个是向上冲击项目，第四个是暑期学校项目。

44　儿童医院项目

在农村的一个最有声望的儿童医院，项目小组正在用使能性评估来帮助医院更加以家庭为中心。他们在邀请使能性评估小组提供帮助之前，已经花了 1 年的时间来进行最初的规划和与使命相关的活动。但是，在 3 个小时的使能性评估讨论会上，他们明确了使命，并且针对本领域的项目活动进行了现状评估。使能性评估小组由我和埃利·菲斯克贝彻（Ellie Fischbacher）、凯瑟琳·里尼尔逊（Katherine Rynearson）组成。我负责推进最初的研讨，埃利和凯瑟琳则进行过程中的支持，她们参加会议、记录活动、指导随后的活动、提供选择和策略的建议，以帮助小组实现目标。

第一个阶段遵循使能性评估的惯例，即项目成员和参与者（包括父母）提出对使命的看法。这就使得小组中的新成员可以说出自己的想法，老成员可以观察到小组不断走向成熟时所发生的具体变化，并使小组在活动的这个阶段进行总结。使命的草案如下：

我们的使命是，通过建立家庭和专业人员之间的动态合作关系，转变医院的文化。我们努力将多视野的健康治疗融入以家庭为中心的健康服务的新使命中。我们通过鼓励合作且提供灵活的满足家庭需要的健康服务，努力减少就医的外伤，支持家庭关系，使家长的观点影响医院的政策。我们支持和训练职员，使他们理解以家庭为中心的健康服务，并运用于实践。

我们的使命是，以家庭为中心的医疗服务会随着时间而发展，家长、医护人员、管理者会一起努力来创造一种环境，支持各种水平的健康服务的跨学科研究、为转型学习提供机会、鼓励创新实践的产生。

接下来的步骤是评估现状，包括以下几个方面：（a）进行头脑风暴，得出与项目有关的一系列关键活动；（b）对关键活动进行排序；（c）对每项活动评分（从1分到10分）；（d）讨论评分所代表的意义。

第一步的平稳进行会产生一系列的关键活动。然后，对清单进行排序，给每个小组成员五个可打点的小棒，可以放在他们认为对项目运行很重要的任何一个或几个活动上。这个过程可以很清楚地在一张大展板上看到，每项活动上都有很多点数，还可以将其转化为柱状图，帮助理解和突出排序（见图4.1）。

在排序之后，项目成员对前10个活动进行评分。然后，作为项

45

目评估者之一，我推进有关评分的讨论或对话（见图 4.2 和 4.3）。

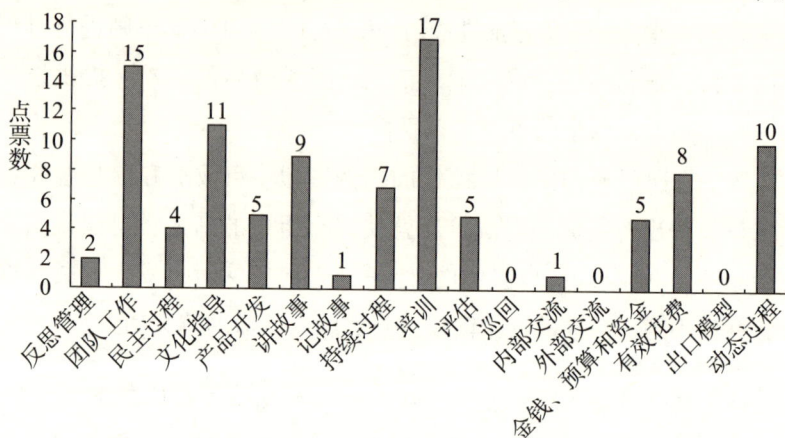

图 4.1 医院的使能性评估：评估现状（第 1 阶段）——关键活动

这些资料为参与者提供了书面评估记录、将来行动的向导和一种社会化工具，帮助新成员理解小组的偏好和项目的进展阶段。矩阵或记录突出了每项活动每个人的平均分，显示了讨论过的对每个重要评分的解释和相关观点。

使能性评估者使用 PPT 展示来记录参与者关于个人评分的评论和小组对关键活动的评估，促进并指导了关于参与者观点和项目进展的对话。项目成员认为，对评估最有利的活动和过程包括培训职员、培训家庭或家庭教师、小组工作、文化引导、保持动态过程、讲故事、花费有效且可持续、评估项目、安全投资、产品开发，以及建立并保持民主过程。见图 4.4-4.15 的 PPT 展示。

这些图中的圆圈呈现了小组成员的不同看法。它帮助规范和使用评估的普遍术语和标准。讲故事，即讲述为使医院更加以家庭为中心已做和未做的经历，是一项关键的活动，有关学习、使新父母社会化以及保持小组成员的稳定。有关花费有效性、稳定性及资助的评分证实了在经济背景下项目成员和病人对医院运行现状的敏感性。

活动名称	平均得分	个人打分**												
		CT	TW	AD	MC	KF	KD	DP	CK	CD	AK	EC	DH	KW
培训职员	3.8	5	4	3	3	3	5	2	?	1	5	6	6	2
培训教师	7.1	8	9	7	4	8	7	5	9	5	9	8	7	6
培训家庭	4.2	5	9	3	2	0	2	5	4	5	5	6		2
团队工作	5.9	8	8	7	3	4	7	5	5	4	6	7	8	5
文化指导	4.5	6	5	2	3	3	5	2	6	3	6	9	7	1
动态过程	7.2	7	6	7	4	8	6	5	8	8	6		10	10
讲故事	7.1	6	2	5.5	4			8	9	9		10	6	
有效花费	3.9	4	1		3	6	4	?		?	?	2	1	1
持续过程	6.9	5	4	3	7	7	3	7	6	9	5	9		10
评估	5.4	7	1	4	4	8	6		5	5	6	4	5	
金钱、资金和预算	5.0	4	1	7	2	5	7	?	6	2	7	4	5	10
产品开发	5.9	6	5	7	2	8	8		8	4	6	7	5	
民主过程	7.8	8	8	9	4	8	8		10	8	8		8	9
平均分*	5.7	6.2	5.2	6.1	3.2	5.8	6.7	4.7	7.2	5.0	6.9	6.2	6.7	5.5

"程度还没有很深，但我们正在努力。去外科看病已经不同了，变得更好了。"

"好像小组内的每个人都能说出自己的想法。"

"护理工作还没有整合，但我知道这会发生的。"

"理论很合适，但是我们还没有做。"

"我们小组内部似乎正在做。"

"我们还没有做。"

"小组已经完成任务，但如果我必须要在医院里打分，我会给出 2 分。"

注：*平均分排除了那些有问号的答案；**每项从1~10评分（1最低，10最高）

图4.2　医院的使能性评估：评估现状（第2阶段）——对活动进行评分

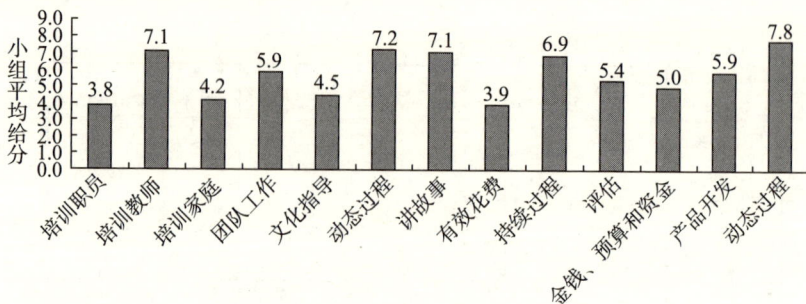

图 4.3　医院的使能性评估：评估现状（第 3 阶段）——活动评分的柱状图

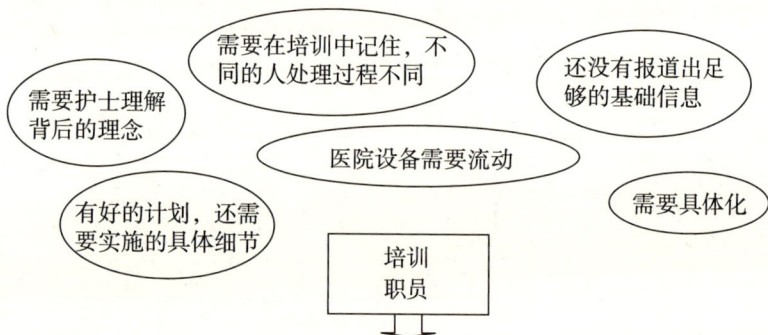

培训职员的总体特点是，当培训背后的理念很好时，参与者关心的是，这种理念是怎样与医院的现实状况相互影响的。

图 4.4　医院的使能性评估——PPT 展示——培训职员

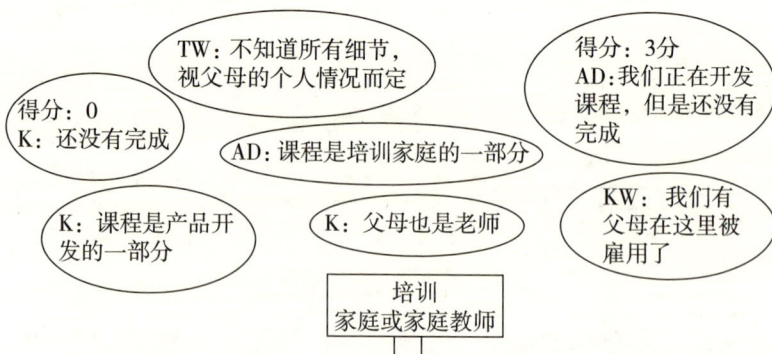

培训家庭或家庭教师的总体特点是，虽然他们有很多优质的材料，而且也有很多父母参与到这个过程中，但是仍然需要实行这个措施。

图 4.5　医院的使能性评估——PPT 展示——培训家庭或家庭教师

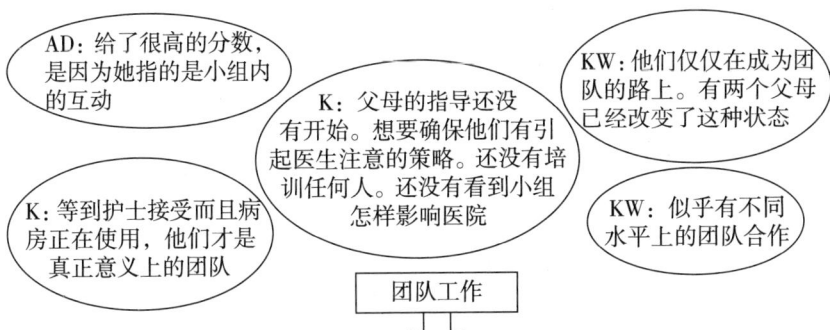

图 4.6 医院的使能性评估——PPT 展示——团队工作

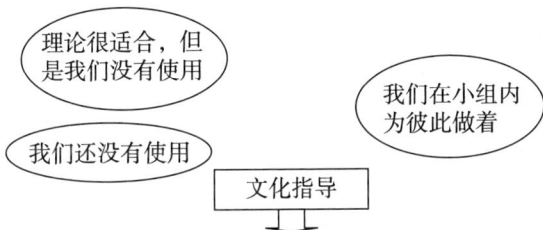

图 4.7 医院的使能性评估——PPT 展示——文化指导

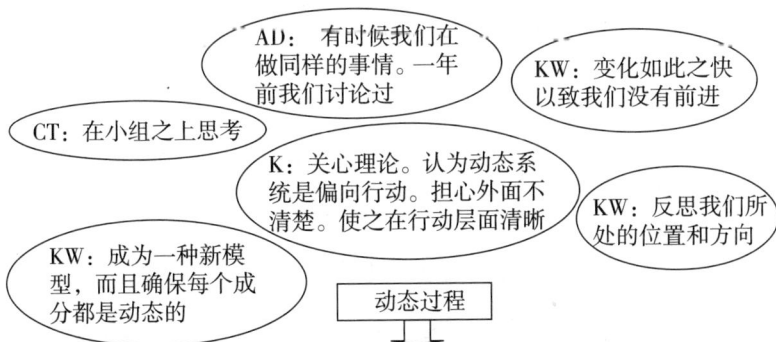

图 4.8 医院的使能性评估——PPT 展示——保持动态过程

K：我总能从故事中学习

TW：很重要，因为我们没做过

KW：过去曾经做过。在故事中运用思考。通过故事识别自己

CET：是父母群体的有效沟通

K：显示了决定怎样影响我们的生活

CET：有不好的因素，因为它不是目标导向的

讲故事没有对错

AD：与案例研究有何不同？

CET：想给负10分，因为我们从未做过

K：讲故事是学习的方式

需要在职员所在地与他们会面

K：我们的知识来自经验，而不是培训

K：将讲故事变成经验学习

人们记住的是故事

KW：我们是否希望我们的成果之一是讲故事

讲故事

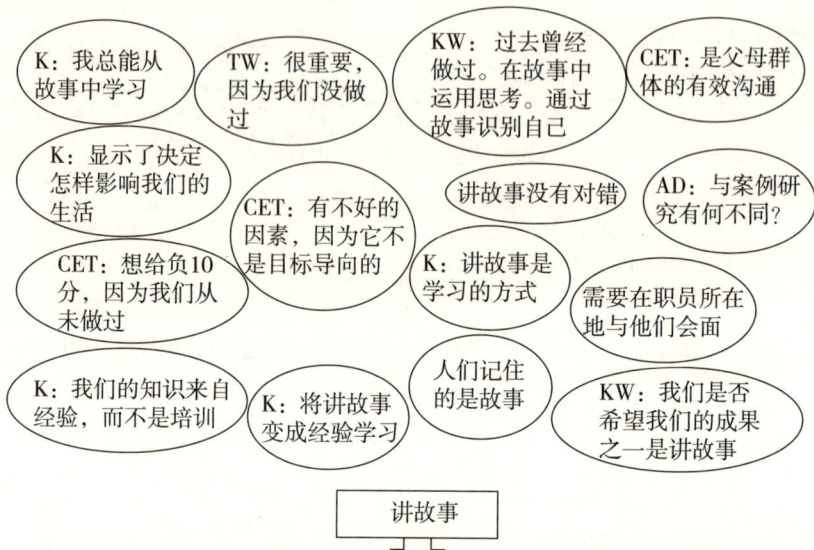

讲故事在小组内有两种存在方式。内部叙事的重要性在于分享彼此的经历，且使小组关注现状产生的原因。外部叙事被看作是教导父母的最有效方式。

图 4.9　医院的使能性评估——PPT 展示——讲故事

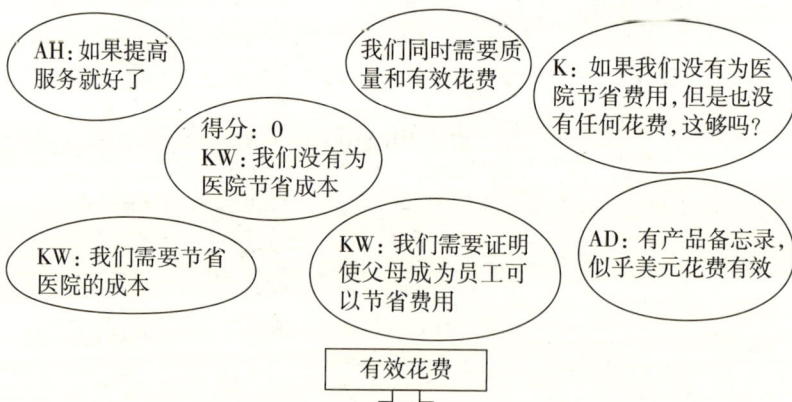

AH：如果提高服务就好了

我们同时需要质量和有效花费

K：如果我们没有为医院节省费用，但是也没有任何花费，这够吗？

得分：0
KW：我们没有为医院节省成本

KW：我们需要节省医院的成本

KW：我们需要证明使父母成为员工可以节省费用

AD：有产品备忘录，似乎美元花费有效

有效花费

小组一致认为，他们必须要显示出他们正在为了使项目可持续而正在节省费用。他们的资金来源问题似乎产生了一些影响，他们因为担心失去资助而想要确定结果的数量。

图 4.10　医院的使能性评估——PPT 展示——花费有效性

护士给了低分，因为他们不知道我们经历过什么

AD：虽然感觉即将消失，我们仍然在这里

现在的挑战是使过程与外部因素一起运行

FCC是人们认为自己想做护理的核心原因

KW：几年前我们不确定自己在哪儿。现在已经看到了山峰和山谷

CET：仍然满足资金要求

护理队伍不完整，我知道以后会

KW：10分，因为小组已经在持续发展

AH：永远不要感觉它即将消失

小组已经顺利进行（10分）。在医院会给2分

可持续性

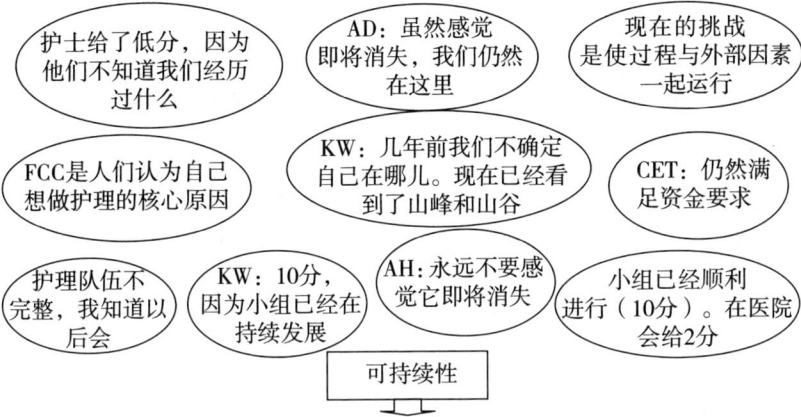

在FFC待的时间最长的人认为它是最有可持续性的，而新来者，特别是护士，不太确定可持续的实施将会怎样。

图4.11 医院的使能性评估——PPT展示——可持续性

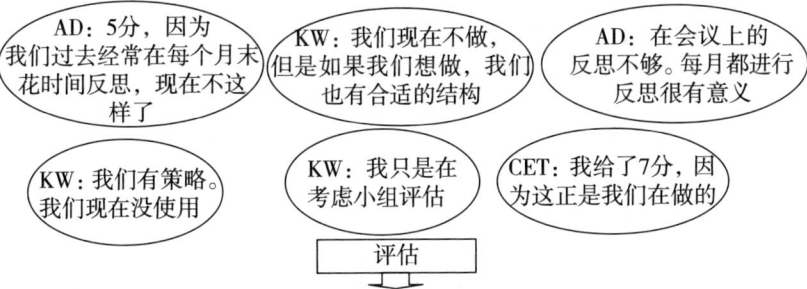

AD：5分，因为我们过去经常在每个月末花时间反思，现在不这样了

KW：我们现在不做，但是如果我们想做，我们也有合适的结构

AD：在会议上的反思不够。每月都进行反思很有意义

KW：我们有策略。我们现在没使用

KW：我只是在考虑小组评估

CET：我给了7分，因为这正是我们在做的

评估

有关评估讨论较多的是，项目运行状况的内部评估，而不是评估合适的项目。

图4.12 医院的使能性评估——PPT展示——评估

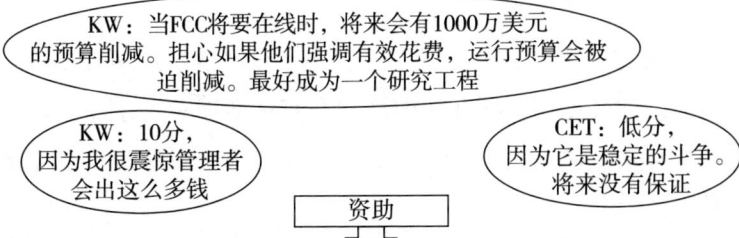

KW：当FCC将要在线时，将来会有1000万美元的预算削减。担心如果他们强调有效花费，运行预算会被迫削减。最好成为一个研究工程

KW：10分，因为我很震惊管理者会出这么多钱

CET：低分，因为它是稳定的斗争。将来没有保证

资助

资助仍然是持久的问题，尽管这次已经得到了资助。试着找到一种策略，以确保预算不会被削减。

图4.13 医院的使能性评估——PPT展示——资助

参与开发产品的父母给了高分

需要描述一下过程，因为医疗系统的人不太理解

KW：需要开发更多的产品，我们还没有进行PPT展示

护士看到的不太讨人喜欢。外面的世界看不到我们的情况

产品开发

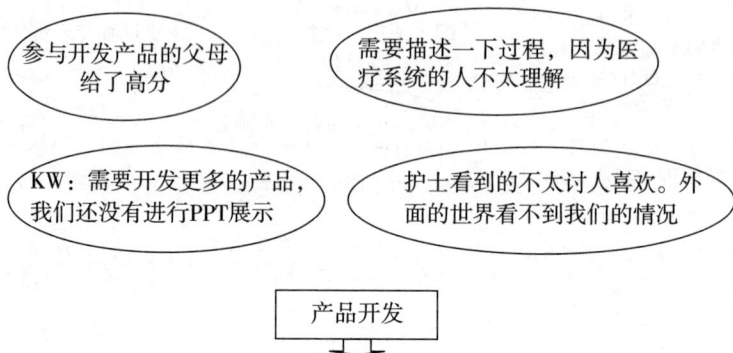

参与产品开发的人们认为它们很好，而没看到它们的人们给分较低。

图 4.14　医院的使能性评估——PPT 展示——产品开发

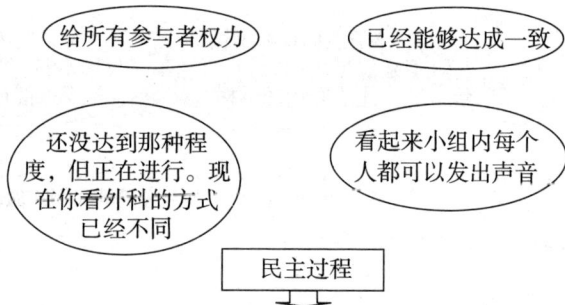

给所有参与者权力

已经能够达成一致

还没达到那种程度，但正在进行。现在你看外科的方式已经不同

看起来小组内每个人都可以发出声音

民主过程

小组成员努力将这方面融入操作过程中。所有参与者都认为他们有机会发言，而且他们正在改变。

图 4.15　医院的使能性评估——PPT 展示——民主过程

　　这些表格和例子是有用的对话记录，也能够帮助更完整地记录总结所有的评分原因。图 4.3 的柱状图直观地展示了小组成员对关键活动的评估，而 PPT 中的例子说明了个人的评分观点和小组的总体评估。

这些资料为第三个步骤——规划未来奠定了基础。有关核心活动的讨论和不同打分的解释为下一步奠定了基础。在规划未来的步骤中，要求参与者确定特定的目标、策略和资料形式，以记录每项活动随时间而发生的变化。很多想法来自于"评估现状"阶段的对话。这个小组完成的最初计划资料的例子见表4.1—表4.12。

55

表4.1 规划未来：培训职员

目　标	策　略	资　料
就什么是以家庭为中心的健康服务达成一致意见，包含医疗职员 完成培训课程	正式培训指导员 鉴别关键人群（医疗职员） 实时培训 以学科分组或者多学科分组 经验学习	培训的出席签名册 使用里克特量表进行培训前后的测试 视频 培训材料

表4.2 规划未来：培训家庭教师

目　标	策　略	资　料
培训初级家庭教师 规划转变（可持续性） 训练父母参与政策制定 制作培训录像	指导课程 经验学习 安排家庭教师有规律地诊断 每月例会 每季培训 培训父母的政策指导（模糊）	培训前后的测试 参与医院政策制定的家庭 有父母参与的委员会文件数 记录培训、课程和项目敏感性的材料 视频报告 父母有效使用医生的时间

表 4.3　规划未来：有效花费

目　标	策　略	资　料
减少住院时间	回顾家庭计划	已核对的家庭计划
更有效地使用医生的	培训职员和家庭	满意的家庭
时间	监测实施（评估）	父母指导者记录下电话
减少急诊接纳数	图表回顾	孩子在医院的时间减少
在预算内住院	跟踪医疗服务者和父母指	急诊容纳量减少
增强父母的批判性思考	导者的电话	给医疗服务者的电话减少
减少小组成员的压力		
增加家庭的满意度		

56

表 4.4　规划未来：产品开发

目　标	策　略	资　料
家庭教师培训产品、笔	护士重审职员和培训笔记，	笔记本
记本	以及住院和出院病人的	笔记本里有关规划过程的
建立家庭为中心的医疗	材料	部分
路径研究设计	召集父母帮助写出父母顾	课程住院病人计划
父母顾问手册或培训	问的材料	小册子
职员培训课程	克伦（Karen）和艾米	视频培训材料
家庭培训课程	（Amy）创建小册子	研究设计网页
记录规划过程创建网页	识别并遵循限制进入的网	
创建小册子创建视频	页协议	
	与视频制作者建立合同	
	劳拉（Laura）、韦恩	
	（Wayne）、克伦（Karen）	
	和安（Ann）记录研究过程	

续表

目　标	策　略	资　料
创建医疗计划 进行出院访谈 进行以家庭为中心的医疗计划总结 在医疗计划中包含门诊病人计划	充实规划过程的步骤 与安（Ann）会面增加门诊病人的成分 内科医生和住房职员为居民和临床医生重审和建立职员培训材料	医院计划 出院访谈 以家庭为中心的医疗计划

表 4.5　规划未来：使父母、护士和职员以家庭为中心的文化合作模型

目　标	策　略	资　料
多层面的指导（父母、职员、医疗服务者）建立文化桥梁 建立文化间的更多联系（家庭、以家庭为中心的服务、健康服务提供者） 在每个亚文化中建立更多的文化指导	每个学科都有一个文化向导 识别扩大区域 小组委员会 以一种能为不同小组服务的方式构建 大的小组倾向于接受混合学科的新成员 每月针对亚文化的例会 以家庭为中心的服务 以家庭为中心的服务开始规范行为 跨学科的预示	对合作关系满意，包括问题解决和决策制定过程 文化向导参与以家庭为中心的服务巡回和外科巡回 小组委员会的出席和记录资料 互动视频 之前和之后的措施 对职员和家庭的出院访谈 共同制定决策

表4.6 规划未来：经验学习

目　标	策　略	资　料
以家庭为中心的服务问题（护理方面）的会议地点使用反思管理	将专家的故事讲给家庭听且将家庭的故事讲给专家听	建立在个人经历基础上的系统变化
培养一个反思的管理者	为以家庭为中心的护理服务问题安排时间	会议记录
在家庭、职员和教学巡回中每月两次案例展示	克伦促进了护理方面反思管理者的训练	参加培训
向居民展示案例研究	为职员创造培训机会	参加培训
家庭与居民交谈	向周五上午例会预示和报告	从反思管理的质性访谈中收集证明和主题
家庭对健康医疗服务提供者的视角很敏感	克伦参加周五的外科巡视	
	调查家庭职员的教学巡回，指定某人参加	

表4.7 规划未来：团队工作的合作关系

目　标	策　略	资　料
共同制定决策	另外雇用一个父母专家	会议和巡回的出席名单
父母在决策制定方面的专业展示	参加会议	记录互动和平等的录音带
使以家庭为中心的医疗服务理论和原则适应于新群体（护士、移居职员和家庭）	在巡回中制定以家庭为中心的服务时间	聚焦群体
	证明父母的能力	
	清楚地说明以家庭为中心的服务的会议缺席	

表4.8 规划未来：民主过程

目 标	策 略	资 料
人们感到自己的观点得到平等的对待 同样的参与和发言机会 将民主过程延伸到跨学科的巡回和护理会议上 在周五的会议上保持民主过程	在决策制定前对问题进行开放式讨论 给出时间思考其他人的文化和观点 在冲突发生时使用伊娃·肖普（Eva Thorpe）的困境解决方法	会议记录 困境笔记 对周五会议、会议和跨学科巡回的外部评估

表4.9 规划未来：将理论付诸实践的动态过程——个体间的转变

目 标	策 略	资 料
确定框架，以确定一个人的行为是否以家庭为中心	展示案例研究 反思管理 护理会议中的反思时间 开放式调查	访谈 之前和之后的测验 参与者的自我报告

表4.10 规划未来：评估（深入的标准化家庭评估过程），一种元分析

目 标	策 略	资 料
每月都有例会 保持对项目需要的灵活性和及时反应 支持项目整合到医院设施中	提出新的关键问题（如，哪种成分在工作或不在工作？我们与管理的关系怎样？我们可以改变什么？） 询问热点问题或在每月例会上提问 使用凯瑟琳的困境笔记 案例研究	困境笔记 会议记录 会议出席情况

58

表 4.11　规划未来：金钱、资助和预算

目　标	策　略	资　料
扩大资助来源	调查怎样在儿童医疗启动资	来自儿童医疗启动的资金
保持一些儿童医疗启动	金（协议）之外获得资助	外部资源的资助
资金	跟踪话费（每周）	合作授权对 LEND 的认可
在预算内花销	克伦参与了儿童医疗启动	合作授权对达特茅斯的
与 UCSF 特别项目合作	委员会	认可
与达特茅斯合作	与 UCSF 会面	平衡的预算
	参观达特茅斯	

表 4.12　规划未来：可持续性

目　标	策　略	资　料
明年存在	收集数据	重新资助
在单位水平上参与（住	培训单位职员	参加会议
院）	以家庭为中心的医疗服务	对以家庭为中心的服务的
在社区水平上参与（超	人员可以获得支持	纵向打分
越地方）	召集新的家庭加入项目	以家庭为中心进行服务的
项目的国家关注	建立与外部的 MD 和护士	小组委员会的发展
开发训练中心	的交流	医生使病人求助于以家庭
参与者在实施小组水平	写文章	为中心的医疗服务
上投资	在会议上做陈述	保持据点管理者
	与 ACCH 联系；在国际会	邀请参加国际 IFCC 会议，
	议上的父母代表	在 ACCH 上展示，参加
	与高斯（Gores）联系	Gore 会议
	与 IFCC 联系	主持会议
	完成展示的笔记本和材料	培训外部人员
	每月的热点话题会议	参加每月的热点话题会议

59

这个资料为项目计划的实施提供了快速简单的依据。实时监测每项目标和策略，并成为小组日常规划和管理的一部分，将评估内化和制度化。

团队的结构在使能性评估的第二年发生了变化。团队聘请了一个全职研究指导者来帮助使能性评估，调整外部评估的工作。我和梅丽莎·艾勒（Melissa Eiler）作为使能性评估教练，与研究指导者一起工作。研讨会和促进活动与过去的很相似。但是，没有提出一个新的使命陈述，而是重新温习了旧的使命陈述。我们更新了旧的使命陈述，因为已经过去了一段时间，而且小组内有很多新成员。事实证明，重新回顾和修订使命陈述是一种有效的社会化工具和方式，帮助新成员在修订的使命陈述中表达并记录自己的观点。

在回顾和修订了使命陈述以反映当前工作的想法之后，小组使用评估现状活动来重新评估项目活动的进展。比较当前的项目活动评估和以前的项目活动评估很具有启发意义。有些活动，如讲述医院里发生的家庭医疗关键事件[1]，在第一年有很高的优先性，但在第二年优先性很低。小组中的个人这样解释这种激烈的变化："讲述已经内化在我们的对话中；它现在是内化的，而之前是外在的"。作为一个促进者，我认为这显示了小组的转变。在合作性工作的第一个阶段，有必要花特定的时间来进行这种活动；但是，到第二年小组已经完成将讲述内化在对话中的目标。它也说明了小组的新旧成员之间的差异。最初的小组成员通过这些个人讲述进行身份认同，在这些故事中，他们"诉说自己的内心"，讲述医院里发生的关键事件。新小组不再需要这种文化构建技巧，他们更喜欢以更加有效的方式在医院里交流小组工作。认识到这种转变的性质，包括与之有关的张力，有助于保持小组凝聚力。

回顾最初的未来规划可以帮助小组成员确定已完成的目标和需要得到额外关注的目标。另外，它为小组制定新的未来规划、反思

60 过去的规划和当前的优先次序、动机和组织变化（如医院合并）奠定了基础。与最初的使命陈述的正式比较、评估现状记录以及规划未来大纲使得合作得以顺利进行，从而帮助重新审视和定位工作。

阅读能力提升项目

第二个案例是一个以学校为依托的阅读改进项目。我和简·库珀（Jane Cooper）是这个项目的使能性评估者。这个小组同样制定了使命陈述或一系列价值观用以指导工作。在这个案例中，使命陈述花了一定的时间。我推动了一个公开的批判，这非常有用，因为它涉及学生、项目管理者和资助者。这个过程显示出了一种重要的有关项目服务对象的世界观冲突。实施阅读项目的大学生，认为该项目是一个服务项目，用来帮助社区中有阅读障碍的学生，而项目管理者和资助者则关注该项目为参与的大学生提供的服务机会。管理者解释了为什么主要原则必须是项目为参与学生所做的事情，认为该项目是在制度的保护下进行的，因此必须要符合教育体制的使命和目的。否则，与其他有价值的服务活动相比，这个服务活动将不具有合理性。对大学生而言，分享不同世界观的过程可以开阔眼界。这为他们对使命的理解提供相反的现实观点，新的使命陈述反映了对项目的新理解和双重的潜在的相冲突的看法：

"关心社区阅读项目"[2]有两个主要目标——一个是关注由大学生担任的家庭教师，另一个是关注与他们一起工作的小学生。

61 该项目的第一个目标是增强学生的阅读能力，帮助小学生达到或超过标准的阅读能力水平。小学生每周见家庭教师几次，进行一对一的指导，补习在教室里已经学过的知识。家庭教师接受培训，教授结构化的课程，强调声音意识、阅读理解和词汇发展。辅导过程产生了额外的效果，促进了孩子们的自信心开发。

第二个目标是大学公共服务中心使命的目标之一，即通过参与大范围的由大学公共服务中心和附属组织支持的社区经历，来促进大学学生的课程学习。关爱社区阅读项目的家庭教师有机会经历和了解他们学习生活的大社会背景。通过当面观察和与小学教师的经常交流，家庭教师可以感受到教育者的生活。作为学生的指导者、教师、顾问和榜样，大学的学生在学习着。通过这种服务经历，家庭教师学到了领导力、人际关系、教学和组织技能。

通过关爱社区阅读项目，大学和当地社区学校建立起了合作关系，营造了有利于大学的学生和当地学校学生的学习环境。我们希望，在当地社区的其他学校、其他基础教育学区和全国范围内的其他大学，这个项目都能够推广使用。

小组把进行项目陈述这个过程看得很重要，花了很多时间在研讨会和小组内记录小组提出的多种观点。

关爱社区阅读项目遵循使能性评估的惯例，列出一系列重要的项目活动、排出优先次序、给每项活动打分，然后深入讨论打分结果和这些活动。他们的评估现状资料，即带有解释评分原因的文本框的矩阵，见图 4.16。图 4.17 中的柱状图以不同的形式描述了评分，多种形式可以帮助促进每个人的理解和系统化的学习。

这些信息是比较时间带来的变化的基础资料。值得一提的是，这项工作有一定的难度。项目指导者对自我评估持矛盾态度，导致多种被动、激进的行为和混杂信息。几个月来都没有什么进步，直到简·库珀（Jane Cooper）坐下来与指导者交谈，强调了这种信息对决策制定的重要性。简·库珀（Jane Cooper）特意使指导者了解评估资料和将来的资助（支持）之间的关联。在最后一次交流中，指导者的思想产生了变化，最后完全同意。在这个案例中，耐心、恒心和勤奋起了较大作用。规划未来步骤同样遵循了使能性评估的形式，制定目标、策略和支持资料，以实时监控和记录变化。

活动打分　平均值　参与者

项目	项目	RM	JP	DN	QT	CC	NC	BP	OT	PB	TCS	SA	Isaac
指导	7.1	8	7	7	6	7	7	7	7	8	6	7	8
培训	6.2	6	8	6	5	6	8	7	6	7	6	8	1
评估学生项目	4.8	7	7	6	2	6	1	4	5	5	3	6	5
外部交流	4.3	3	4	5	4	6	3	3	4	5	4	4	7
服务学习课程	1.4	3	1	1	1	2	1	1	2	2	1	1	1
课程计划变化	6.0	8	7	4	6	6	8	5	5	4	6	5	8
反思会议	6.6	7	6	4	6	6	9	6	8	6	5	9	7
家庭顾问调整者	6.3	7	6	6	5	7	7	7	5	4	7	6	8
日程安排	6.3	8	7	7	7	6	7	3	6	5	7	6	7
家庭顾问发展	5.4	6	4	6	7	6	5	6	5	6	5	5	4
总体评估	5.4	6.3	5.7	5.2	4.9	5.9	5.6	4.8	5.3	5.4	4.8	5.9	5.4

"家庭教师准备很充分。这是目前为止最成功的经历。他喜欢一对一的方式。感觉很有结构性。他获得了技能。"

"培训者有很高的业务水平。"

"他看到了改善，这很鼓舞人心。孩子对家庭教师敞开内心。家庭教师变得更加自信和流畅。"

"新的项目还没有过多需要说明的。"

"服务学习可以在课堂之外的地方发生。"

"家庭教师可以拜访教师、家长和校长。第一次家长会是增进交流的好的开端。"

图 4.16　关爱社区阅读项目评估：评估现状——矩阵

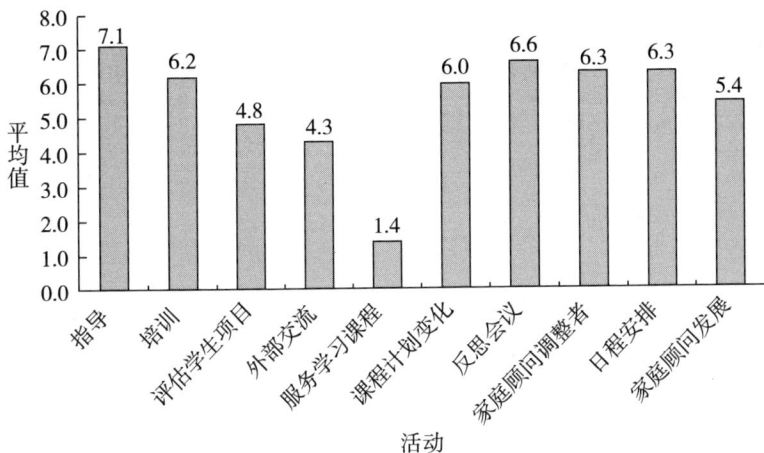

图 4.17　关爱社区阅读项目评估：评估现状——柱状图

向上冲击项目

　　向上冲击项目是充满强烈情感的经历。在这次评估中，我和桑德拉·派克（Sandra Paik）担任使能性评估指导者。项目是用来帮助城市内的、被剥夺公民权的少数学生完成从高中到大学的转变。项目成员不相信他们的大学管理监督者和资助者。因为项目成员从未对有关他们地位和活动的基本信息请求有过回应，监督者和资助者正要准备取消资金支持。

　　有一个监督者在进行使命陈述的过程中，突然有了一次突破性的经历。她就项目对她的重要性进行了一次充满强烈情感的演讲，因为这个项目是约翰逊管理的反贫穷战争遗留下来的最后的社会福利项目之一。有关项目使命的对话使她又回到项目的基础上，并提醒了她为什么会站在第一位置支持这个项目。在这次研讨会上，项目成员很惊异地了解到她对该项目的承诺程度。使命成为重新连接项目和相关价值的工具。它也帮助建立了之前的疏远和反对力量之间的联系。监督者和资助者后来评论道，使能性评估的经历很有力量

65 且富有戏剧性，它迫使她回归到对项目理想和项目实践本身的承诺。他们制定出了与之前案例相同的文件资料。（该项目的使命、目标、策略和记录见本章结束部分的向上冲击使能性评估项目的注释）

暑期学校项目

暑期学校项目案例证明了使能性评估的力量，提出了与项目设计和实施相关的基本问题。我和保罗·圣·罗斯曼（Paul St. Roseman）是使能性评估者。大学学生项目旨在通过课堂指导和其他促进活动帮助中学学生提高学习成绩。与向上冲击项目类似，暑期学校项目成员不相信他们的监督者和资助者。因为职员对改进项目的建议没有回应，他们的夏季学生不服从领导，而且项目花费很高，监督者和资助者正要放弃这个小组。

项目的使命制定和评估现状过程使得项目的学生指导者提出了项目现存的很多基本问题。她询问了项目是否应该继续存在，项目是否符合学院的大使命，以及指导者是否应该是专业的全职成员而不是学生。监督者和资助者对此很诧异。在研讨会之前的三年里，这些基本问题从未得到清晰明白的阐述。这些讨论迫使每个人回头审视，而且花费更多的时间重新进行完整的项目设计。这种方法创造了一种环境和机制，促进了项目设计和实施的基本变革。（这个案例的使命制定和评估现状资料，见本章后面的暑期学校使能性评估项目的笔记）

结论

本章的四个案例帮助阐释了这种方法的优点和操作的简单性。另外，案例的简要回顾为一种高风险的使能性评估——高等教育认证的更详细审视奠定了基础。

向上冲击项目使能性评估笔记

■**使命——主要观点**

● 使低收入、潜在的第一代大学生具有一些必要的技能和动力，以完成中学教育，并且进入和完成中学后的教育

● 告知父母那些他们的孩子可以利用的中学后的教育机会，支持和鼓励他们积极地参与到中学和中学后教育过程中

● 培养年轻人、大学学生和学校系统有关平等教育机会的理念，代表项目中的年轻人进行自我展示

● 开发大学学生的潜在技能，教授和指导社会经济条件较差的年轻人，丰富他们的教育生活

● 教授大学学生有关教育、社会、政治、经济和种族的问题，这些问题构成了他们与向上冲击项目的年轻人和其他人一起工作的背景

■**关键活动或因素**

指导

目标：

● 使大学生和向上冲击项目学生的学习利益都达到最大化

● 使指导关系的持续时间最大化（以使指导者和被指导者想要待在一起）

● 使指导关系的深度最大化

● 使向上冲击项目的学生最大限度的接受指导关系[1]

策略：（为完成目标，你想采取什么策略？）

● 使指导者和被指导者最大限度地参与

● 改进大学学生的训练——提供指导的框架

● 与机构指导者情感关系的不稳定导致接受度降低

● 家庭教师的实习学分（学分强制要求参与，包括大学学生的

反思时间）（可能是一种增加项目的问责性和承诺的方式？）

记录：（已经存在什么？应该使用什么？有没有什么方法可以改进已经存在的问题？现有资料——已经获得的有哪些？）

- 参与
- 家庭教师申请（增加截止日期部分，以追踪持续时间）
- 雇用合同
- 中间产出的等级和改进，如写作、学习习惯等（改进是否与和特定家庭教师相处的时间相关？）
- 入学报告
- 交流日志
- 向上冲击项目的学生和职员完成项目情况的调查
- 培训项目之后的调查
- 可能的补充：研讨会后的调查（一页短的评估纸张，有关指导者、房间和食物等，他们是否学到了什么，等等）

主要笔记

- 自我评估很有可信度，因为有展现好项目和需要改进的项目的机会
- 记住，追踪记录那些进展很好的活动很重要
- 已经存在什么种类的纵向关系？什么可以使得关系得以持续？什么可以使得长期关系更加具有丰富经历？那是什么形式？[2]
- 建立毕业生的追踪系统→提供成功的重要案例（故事、数字或状态是重要的质性资料）
- 评估现状的数字和解释提供了阐释时间带来的变化的基础
- 重要的策略——在行动中记录叙述（而不是等待），将资料制度化——写出简短的报告、照片等

服务学习

目标：

- 为所有参与者提供机会（向上冲击项目和大学学生），从对项目的反思中学习
- 服务的连续性→特定策略提供连续性或整体方法
- 清楚地交流什么是服务学习

■注释

1. 第二个和第三个目标旨在保持连续性
2. 这些问题旨在深入获得大学学生的想法

暑期学校项目使能性评估 ⑥⑨

■使命

暑期学校使命清单

- 丰富暑期学校参与者[1]的学习生活和社会生活
- 使参与者产生进入高等教育机构的愿望
- 使参与者在学习和社会生活上适应高中
- 论述更广泛的社会问题
- 提高生活技能和做决定的能力
- 暑期学校项目为大学学生提供专业的发展机会（鼓励学生参加教育或可能的非营利性工作）
- 与其他组织合作（如女子俱乐部）
- 暑期学校寻求与目标社区的可持续关系和承诺
- 暑期学校为参与者提供家庭教师
- 暑期学校帮助参与者建立与社区内其他学生的联系
- 为了那些希望参加非营利性或教育工作的学生，父母团体为暑期学校项目职员提供服务学习

问题与关注点

• 暑期学校的执行主任希望能与项目参与者就读的学校建立更强大的工作关系（副主任指出，学校也希望如此）

• 暑期学校的执行主任希望能够为家庭提供更多的资源（可能通过推举的方式）。暑期学校面临的问题包括测试学习障碍和推荐未参加该项目的年轻人去参加其他项目（家庭推举服务会增强与学校的工作关系，如第一条所述）

• 暑期学校项目职员想增加参与该项目的人数

使命主题

• 暑期学校项目为参与者服务的教育使命

• 父母团体为大学学生服务的学习和职业使命

• 与社区的合作

■ **评估现状（第 1 阶段）——与使命相关的暑期学校项目活动**

基准[2]：操作性条目

• 学术课程——5 票——第 2 名

• 研讨会（围绕社会问题）——5 票——第 3 名

• 顾问选拔（课程）

• 社区服务

• 求职训练

• 考试准备（SAT 和写作技能）——4 票——第 7 名

• 学年指导——5 票——第 6 名

• 实地考察

• 课程发展（学年）——3 票——第 10 名

• 参与者招募

• 家庭与社会

• 大学学生为暑期学校项目进行工作准备和训练——3 票——第

9名

- 教授选修课（顾问）
- 家访
- 服务学习（父母组织为大学学生开设的课程）——5 票——

第 4 名

- 评估
- 对大学学生进行培训
- 筹款（大学学生）——4 票——第 8 名
- 交流——5 票——第 5 名
- 培训家庭教师——5 票——第 1 名

■评估现状（第 2 阶段）——暑期学校项目职员和资助者或管理职员评前 10 项

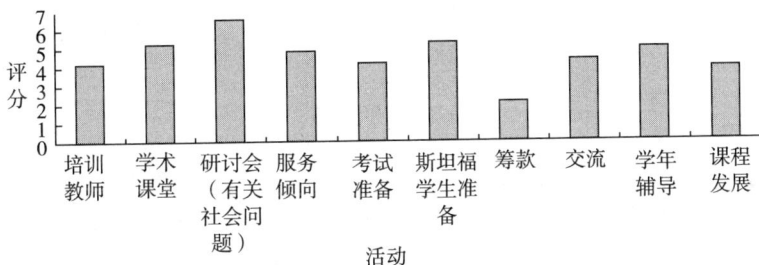

图 4.18　活动排名

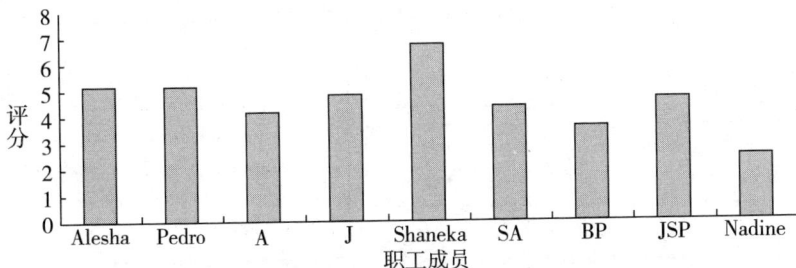

图 4.19　职工成员的排名

（与图 4.20 有交叉部分，职工成员的平均打分）

不了解筹资的数量和过程。需要知道我们学生怎样参与过程（讨论其他策略的案例）。大卫询问了"什么是可信的记录形式？"

社会层面的工作很好。没有考虑到正式的培训需要

外部视角。你确实提供了培训而且有结构。提供了更广的视角

服务排名图

项目	Alesna	Pedro	A	J	Shaneka	SA	BP	JSP	Nanine	合计	平均值
培训教师	1	6	3	5	8	4	3	5	3	38	4.2
学术课堂	7	6	3	5	7	5	5	6	4	48	5.3
研讨会（有关社会问题）	9	6	6	8	9	5	5	6	5	59	6.6
服务倾向	9	5	8	6	9	2	1	3	1	44	4.9
考试准备	7	6	1	4	4	5	5	5	1	38	4.2
斯坦福学生准备	8	6	8	6	6	5	5	6	2	48	5.3
筹款	1	2	1	3	6	4	2	5	1	20	2.2
交流	5	5	5	6	7	4	2	5	1	40	4.4
学年辅导	3	6	3	4	8	5	6	7	3	45	5.0
课程发展	2	4	2	2	6	6	5	6	2	35	3.9
合计	52	52	42	49	68	44	36	47	25		
	5.2	5.2	4.2	4.9	6.8	4.4	3.6	4.7	2.5		

平均值
○ 需家庭教师的正式训练项目
○ 非正式过程（社会过程）强大
○ 外部群体可以提供培训

○ 认识我们做得好的事情
○ 不致力于学术的创造性，主要聚焦于学科

○ 低分反映情况很紧急，我有逼近悬崖的感觉
○ 积极的方面是有一个管理者通过赞赏项目职员的父母看到了参与者的成功
○ 该项目是唯一由赞助者资助的学生启动项目，因此管理者需要用知识和语言来证明对其他学生组织的资助是正确的（可能该项目对社区有长期承诺，这很适合资助者的社区关系使命和制度联系）。另外，项目的目标群体和深层服务可能证明资助是合理的
○ 这个项目也很大地影响了斯坦福的学生发展。项目结束之后学生将来会怎样（重要的量化和质性数据显示出项目的长期历史）？可能会进行毕业生的跟踪过程。

埃利莎质疑了项目的学生运行模型与资助中心的关系

项目职员间的交流很好，但是学校之间的交流需要有所改进

我被问过很多次我知道什么。知识和信息会帮助我的工作。我需要有关项目所处位置的知识

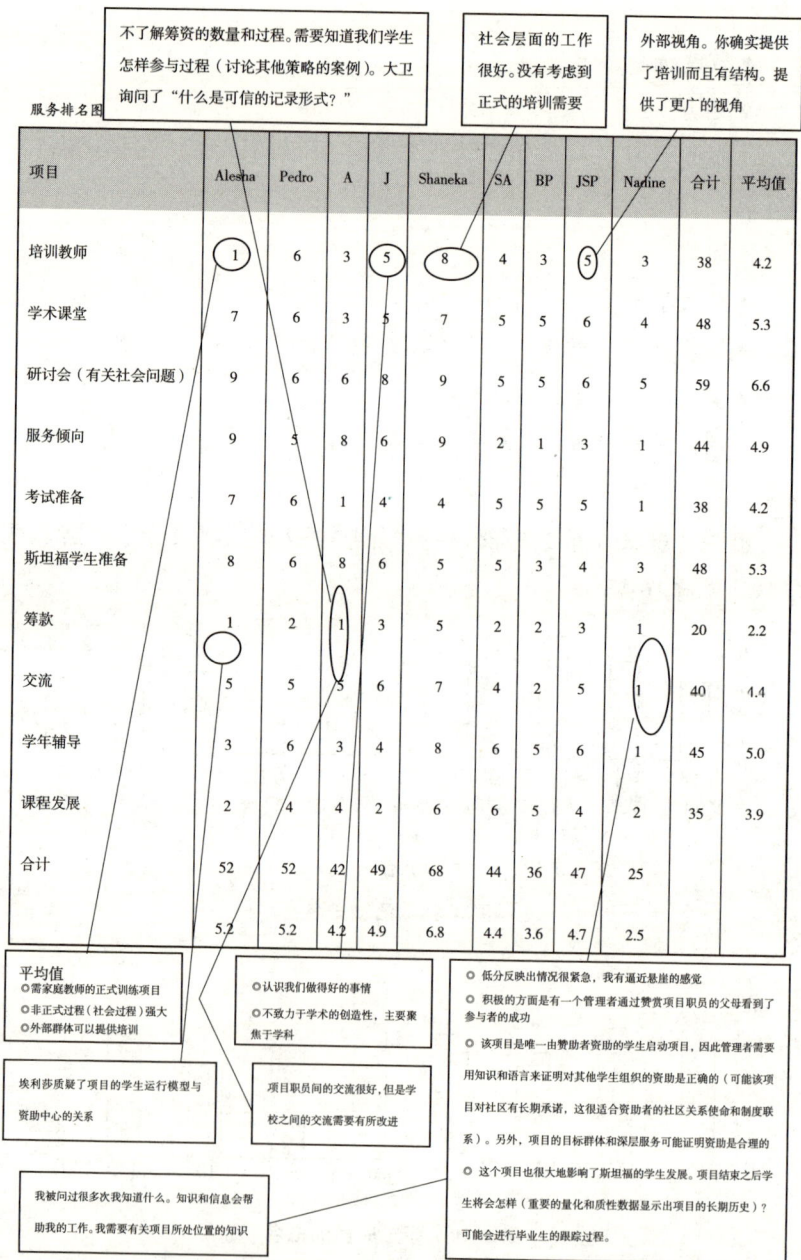

图4.20 服务排名

■说明

1. "暑期学校项目参与者"指的是从该项目的学习和社会服务中获利的中学学生

2. 为了确定基准，指导每个成员根据自己的看法选出 10 个操作条目

注释

1. 讲故事是关键事件发生后的活动报告的一种形式。项目成员讲述自己在医院振奋的和沮丧的经历，这种方式可以分享看法，而且能够通过员工会议学习。它是一个连接性事件或工具。

2. "关爱社区阅读"是一个真实项目的化名，该项目以匿名的方式出现更好一些。

5. 一个高风险的案例：记录一种高风险的使能性评估——认证的实用性、可信性和严谨性

大多数人错过了机会，是因为它穿着工作服而且看起来像工作。

——托马斯·爱迪生（*Thomas Edison*）

测评评估方法的作用和可信度的一种方法是，它在多大程度上可以被高风险的评估和问责形式所采用。此次讨论论述了一个适当的案例，简洁地展示了使能性评估在自学认证中的应用。在很多相关部门，包括认证机构，这个学习认证被认为是高等教育领域的高风险事件。

机构：一个案例

加利福尼亚整合学习研究所是坐落在旧金山市的一个独立研究生院。它在 1981 年得到了高级学院的大学西部联合会（WASC）认证。认证过程需要进行周期性的自我评估。该研究所使用使能性评

估方法将评估制度化为运行规划和管理的一部分，并且满足自我学习认证的要求。评估分三步：第一步是制定项目使命；第二步是评估现状，检查评估每个单位的优势；第三步是建立目标和策略，以改进项目实践。另外，最后一步特别需要一些支持资料来监测随着时间发生的变化。第三步是策略规划的一部分，建立在对使命和评估现状活动理解的共同基础上。

研究所中的所有单位，包括学术、管理和行政单位，都进行自我评估。这些评估的目的是改进运行状况，为规划和政策制定奠定基础。除了改进之外，自我评估也有利于问责。

整个研究所举行研讨会，培训评估方法和程序。所有单位的领导都要参加为期三天的培训，然后，在各自的小组中担任推进者的角色。全年都有为管理和其他行政小组提供的培训和个人技能帮助，包括校长办公室和发展办公室。（具体的细节见本章结尾部分的加利福尼亚整合学习研究所的使能性评估笔记）

自我评估过程需要深刻的反思和询问。单位描述自己的目的，列出将近10个代表本单位特征的主要活动。单位成员民主地决定利于思考和评估的前10个活动。然后，每个成员给每项活动打分，从1分到10分（1最低，10最高）。将个人打分综合起来，构成每项活动的小组打分或单位打分和总分。然后，单位成员重新考虑这些打分。表5.1的样本图表说明了这个实施过程。

表5.1　自我评估的工作表样本

	活动	BK	KK	YT	DE	BH	MT	BG	DF	JA	MC	总分	平均值
	STL的自我评估工作表（分组人口样本）												
1	能力构建	7	5	7	5	5	7	5	6	7	8	62	6.2
2	教学	5	6	8	8	6	8	8	8	8	9	74	7.4
3	研究	5	7	7	3	6	6	3	8	7	6	58	5.8

续

												总分	平均值	
4	转化学习	8	6	6	5	5	7	9	7	7	8	68	6.8	
5	学术宣传	3	6	7	6	6	6	5	8	5	5	55	5.5	
6	促进健康关系 CIIS	7	6	8	6	6	8	5	7	5	7	65	6.5	
7	社区建设	6	6	7	6	7	7	6	6	6	8	65	6.5	
8	课程转换	8	6	7	7	7	8	8	8			74	7.4	
9	实验教学	8	6	9	8	8	8	8	8	9		80	8	
10	多样性	5	8	6	5	7	5	4	4	6		54	5.4	
总分		62	58	74	58	61	71	62	70	65	74	655	655	65.5　总分
													65.5	6.55　平均值（活动）
平均值		6.2	5.8	7.4	5.8	6.1	7.1	6.2	7.0	6.5	7.4	65.5	6.55	平均值（人）
														6.55　单位的平均值

78　　　单位成员仔细地讨论研究图表中的活动和每项活动的评分的意义。这种交流使得单位成员可以在开放的学术氛围中建立关于项目和评分意义的标准。单位成员也需要给出每个评分的支持资料，或者分析是否还需要另外的资料支持。这些自我评估建立了整个研究所的项目和单位运行的第一份基准数据。这个过程优于调查方法，主要有以下四个原因。第一，单位成员确定改进项目需要做的重点工作，即改进工作的有效性和实施过程中需要补充的东西。第二，社区的大多数成员都参与到评估过程中，使得建立资料文化和社区学习的过程与特定的评估结果同样重要。第三，社区成员进行有关

评分的对话与讨论，可以帮助他们建立标准和共识。最后，这种方法有100%的回收率，而传统的调查方法回收率很低。

这个工作表用在加利福尼亚大学整合学习研究所的使能性评估中，而且展示了分组人口样本。标题行的 STL 是一个研究院的名字：转化性学习学院。左边一列是与学院有关的关键活动的缩写。图表的中间是学院成员名字的词首大写字母（如 EK，KK，YT），下面是针对左边活动的个人评分。每人的评分在右边的"总分"一栏有个总和，每个总分在图表的最右边都有个平均值。类似地，个体评分的总分和平均值可以确定小组中谁比较乐观或悲观，且促进小组内的规范过程。图表最右下角的分数的平均值（包括活动的和个人的）可以得到总体的单位或项目平均值。在项目参与者陈述完项目的优势和劣势之后，会给出更切合实际的总体平均值。

自我评估可以帮助实施项目改进实践，重新审视和确定现有问题，找到解决和适应问题的方法，进行将来的新活动。从原有资料中重新构建现有资料，使得参与者可以对已经收集的资料进行意义解释。另外，自我评估可以保证项目和学术的问责。例如，一个心理学研究所可以通过自我评估来决定终止博士培养项目，自我评估是内部或外部问责的重要措施。WASC 和研究所长期重点关注这个项目的可行性。关键问题是在这个项目中没有足够的教师来为学生服务。使能性评估使得教师能够有意识地对这个问题进行开放式讨论。他们以前总是抱怨工作压力和工作条件，但是从未有意识地分析、诊断并记录这个问题，因为他们没有时间或者强行的机制来进行自我评估。他们致力于为学生提供合适的服务，但是当面临师生比和教师论文压力时，问题就凸显出来了。使能性评估使得研究所的教师可以在资源稀缺的情况下对项目进行评估，并且做出终止该项目的行政决定。类似地，自我评估过程促使了该研究所的一个在线博士项目与另一个远程学习项目进行合并。这促进了效率的提高，

改进了监测和管理，使得面对面的交流增多。（有关一种网上教育项目的描述，见菲特曼，1996b，1996c）

使能性评估的最后一步是在自我评估的基础上制定未来规划。研究所的所有单位都完成了未来规划，并用来设计整体的策略规划。目标和策略是特定的。另外，相关的支持资料也是特定的，监测项目是否朝着特定目标前进。这个过程保证了社区对工作的参与和承诺，使得计划来自于现实实践。教务长每年都要求自我评估和单位计划能够促进项目改进且有利于制度问责，这种方式使得这个过程得以制度化。

结论

使能性评估很好地满足了自我学习认证的要求，且成果丰富。有很多用户友好的工具可以帮助参与者明确自己在特定的时间点所处的位置，甄选出有意义的小组日常行为方式，促进个人、类别和项目之间的对比，推进建设性的活动来改善项目实施。例如，这里使用了一个图表来描述机构的使能性评估过程。使能性评估使得内部的评估活动系统化，而且促进了更大规模的对比和分析。[1]

在这个使能性评估项目中，针对学院的自我学习认证要求，在自我评估的基础上发展起来了一系列的外部评估，而且促进了自我评估。外部小组被邀请来对特定项目进行重新审查，他们与院系教师、员工和学生一起确定评估的日程安排。但是，他们担任的是批判者的角色，提供策略顾问，而不是妥协或者传统的审查问责。虽然使能性评估不要求进行外部评估，但是这些力量的联合突出说明了使能性评估和传统的外部评估并不是非此即彼的关系，尽管使能性评估的重点在于自我决定和合作。事实上，它们是相互促进的。使能性评估过程为外部评估的顺利进行提供了充分的资料。同时，外部评估者可以帮助确定不同活动的优势和价值。参与者一致同意外部视角的价值，它加深了对项目运行的理解，进行额外的质量控制，使问询尖锐化，改进项目实践。内部和外部评估需要配合使用，从而可以确认现实中的外部需要和内部期待，并为外部评估者提供充分的资料。

最后，希望使能性评估能够继续从内部和外部的巧妙结合中获益，而不是只使用单一的方法或策略。正如克任巴赫（Cronbach）（1980）20 年前所说，"评估探索最好是进行很多小研究，而不是利用所有资源而只使用一种单一的方法"。（第 7 页）

这个高风险的案例，与第 4 章中讨论的案例一起，更进一步阐释了这种方法的实用性和严谨性。这些案例也为使能性评估及其标准的讨论奠定了基础。这些案例的主要目的是阐释使能性评估方法的步骤和用处，也显示了这种方法是怎样符合和超越评估标准的。下一章将更进一步讨论使能性评估是怎样符合这些标准的，对其进行方法论和系统化的审视。

加利福尼亚整合学习研究所使能性评估笔记　⑧¹

■1994—1995 年单位领导自我评估研讨会

时间和地点

2 月 7 号，16：00—18：00，四层会议室

2 月 9 号，16：00—18：00，四层会议室

2 月 12 号，12：00—14：00，圣教堂

研讨会推进者

大卫·菲特曼（David Fetterman）、凯琳·斯高默（Karine Schomer）和玛丽·库兰（Mary Curran）

日程

1. 介绍。

- 单位自我评估的目的：促进学术项目反思和 WASC 自我学习。

- 以单位为依托的策略规划。

2. 时间表和截止日期，报告形式。

3. 自我使能性评估方法：目标、过程和产出。

4. 拱形机构和 WASC 的问题和主题。

5. 与志愿者单位一起进行标准的评估现状环节。

第一部分

1. 志愿的单位成员描述他们的单位及其使命或目标，以及与研究所使命的关系。

2. 他们列出单位的关键活动。

3. 他们对前 10 个关键活动的质量或有效性进行评分。

4. 他们给出支持这些评分的资料。

5. 他们对单位进行整体评分。

第二部分 讨论环节

1. 志愿的单位成员内部讨论他们给关键活动的评分：为什么每个人会这样评分？评分对每个人来说意味着什么？单位是怎样得到这样的评分的？怎样可以得到更高的评分？通过讨论评分会有所调整吗？

2. 同时，其他的研讨会参与者组成小的群体。每个人写出对自己单位的描述，列出 5 个主要活动，给这些活动和单位整体评分，并且给出支持的资料。然后，所有这些都在小组内进行汇报和讨论。

3. 小的小组讨论在大的小组中进行分享。

第三部分

1. 志愿小组调整单位的关键活动的评分。

2. 他们调整单位的整体评分。

3. 他们给评过分的关键活动排序。

4. 他们列出 2~3 个将来活动的初步陈述：主要任务、与任务相关的目标、完成目标的策略、相关的支持资料。

完成评估现状部分后的单位任务指导

1. 单位领导在评估现状的基础上写出初步的单位自我评估报告，包括单位使命或目标，整体的单位评分，关键活动的评分，关键活动的排名，支持评分的资料，以及对将来活动的初步陈述。

2. 单位举行小型的讨论会回顾这些报告，讨论和调整评分，并且就评分的意义和对单位的看法达成一致意见。

3. 收集和分析支持资料。

4. 单位领导完成并提交单位自我评估报告和辅助文档的最后版本。

■1994—1995 年单位自我评估报告指导

注释 1：教务长办公室的磁盘上有报告的形式。（请提供你自己的磁盘）

注释 2：学术、行政和管理单位使用单一的报告形式。因此，有些项目可能不适用于所有单位。应在这些单位上标出 N 或者 A。

注释 3：在提交到教务长办公室之前，单位整体报告撰写者应该检查一遍报告和辅助文档。

注释 4：在每个单位内部和其他相关单位，报告应该尽可能分布广泛。

单位名称：_____

隶属的大单位：_____

学术、行政、单位（选其一）

单位领导的名字和头衔：_____

单位总体报告撰写者：_____

第一部分　单位描述

1. 单位的使命或目标（叙述）。

2. 与研究所使命的关系。

3. 单位的组织结构（叙述）。

4. 列出单位举行的 10 个关键活动，在评估现状阶段排出优先次序。

5. 单位的其他正在进行的活动（叙述）。

6. 单位的特殊活动（清单）。

7. 过去 3 年间的单位发展方向（叙述）。

8. 当前的 3 个主要任务、与任务相关的目标、为完成目标正在使用的策略，以及相关支持资料（叙述）。

9. 通过时间百分比确定的核心教师的人数和名字。

10. 兼职教师的人数和名字。

11. 通过级别和时间百分比确定的员工的人数和名字。

12. 学生的人数（过去 3 年间的估计人数：1992—1993，1993—1994，1994—1995）。

13. 过去 3 年间的全职学生人数：1992—1993，1993—1994，1994—1995（被评估）。

14. 过去 3 年间的班级登记数：1992—1993，1993—1994，1994—1995（被评估）。

15. 运行预算：1993—1994，1994—1995，1995—1996 收入花费（注释：请给出所有需要解释的数字的脚注）。

16. 与单位特别相关的研究所的问题和主题（根据之前的策略指导文件）。

17. 与单位特别相关的 WASC 问题和主题（根据 WASC 陈述、WASC 标准和 WASC 自我学习主题）。

第二部分　单位的自我评估

1. 单位自我评估过程中的参与者的名字（F 代表教师，S 代表学生，AS 代表行政人员）。

2. 评估现状阶段的日期。

3. 接下来的小讨论会的日期和目的。

4. 自我评估过程的叙述。

5. 单位的总体评分。

范围：＿＿＿＿＿＿＿＿＿＿＿＿＿＿＿＿＿＿＿＿＿

平均值：＿＿＿＿＿＿＿＿＿＿＿＿＿＿＿＿＿＿＿

6. 排完序的前 10 个活动的评分（清单）。

项　目	全　距	平均值
（1）		
（2）		
（3）		
（4）		
（5）		
（6）		
（7）		
（8）		
（9）		
（10）		

7. 用来支持评分结果的资料清单（附录中附出文档）。

8. 讨论结果（以总体评分和前 10 个排好序的关键活动的评分为基础）。描述关键活动和它们怎样与单位的使命相关。解释个人和总体评分的意义。解释使用的资料的相关性。总结单位的总体优势和劣势，以及过去 3 年取得的进步。

9. 2~3 个将来活动的初步陈述：主要的新任务，与任务相关的目标，完成目标的策略，以及相关支持资料。

10. 单位自我评估过程的评估意见和反馈意见。

注释

1. 另外一个方法更加实用，使用绿点和红点来标示特定项目活动的进步或问题。这些点有很强的视觉冲击，很容易进行量化分析。

6. 标准：将标准
应用于使能性评估

人要努力超越自我极限。

——罗伯特·勃朗宁（*Robert Browning*）

标准用来测量工作质量，是行业内的共识和一系列价值观。标准不会也不应该一成不变，它反映了特定领域或行业的发展状况，而且提供了有用的依据。项目评估的标准有利于自我反思和审视。[1]将标准应用于使能性评估，一方面可以证明这种方法如何满足标准，另一方面可以改进和完善使能性评估过程，还可使我们重新审视这些标准的价值和适用性。本章主要讨论使能性评估如何遵循或超越这些标准的精髓，包括实用性、可行性、适当性和精确性。

实用性标准

实用性标准旨在确保评估可以满足有意向的用户的信息需求。根据教育评估标准联合委员会（1994），这些标准是：

U1. 用户识别。应该识别出涉及评估或被评估影响的人们，以便了解他们的需求。

U2. 评估者的可信性。指导评估的人应该既可信又有能力进行评估，使评估结果可以最大限度地得到接受和信任。

U3. 信息范围和筛选。收集的信息应该经过广泛筛选以阐述项目相关的问题，且应满足职员和其他特殊用户的需要和利益。

U4. 识别价值。细致地描述视角、程序和解释结果的理论，明晰价值判断的基础。

U5. 报告的清晰度。评估报告应该清楚地描述正在评估的项目，包括项目的背景、评估的目的、程序和结果，阐述关键的信息且通俗易懂。

U6. 报告的及时性和分发情况。重要的临时结果和评估报告应该及时地发给有意向的用户。

U7. 评估影响。应该由利益相关者坚决彻底地进行评估规划、指导和报告，以增加评估被使用的可能性。

使能性评估要求参与人数和受影响的人数越多越好，这样他们的需要就可以得到阐释。促进者（正在评估的小组成员）和教练（如评估中的内部或外部专家）帮助设计和执行评估方案，小组评估自己的项目。教练也可以开展研讨会和其他形式的培训，进行能力构建。使能性评估是开放的、民主的、小组参与的过程。小组参与增强了可信度，每人都有机会发表自己的想法，而且规划会因为某个成员的想法而有所调整，包括有争议的想法和少数人的报告。另外，小组成员负责评估的每个步骤，从规划到结果报告和陈述。

所有的参与者提供关键的项目情况和受关注的信息。例如，在第 5 章讨论过的研究院项目中，教师、员工、学生和行政人员都直接地参与到评估过程的每个步骤中。他们列出项目的相关问题，并对这些问题进行排序。另外，外部实体（如认证机构）的观点和视角也要考虑。事实上，认证机构的标准和项目之前的批评者都是指导使能性评估的强大力量。在规划阶段和整个评估过程中，项目参与者主要关注视角、程序和解释结果的理论。随着新的知识见解的融合和反馈，评估过程和程序可能会需要重新进行调整。这种持续过程增加了成员接受并内化价值评判基础的可能性。但是，由于人员改变（常见结果），小组需要在过程中（有些是终身的过程）的不同时机重新审视价值判断。

使能性评估的提案和报告描述正在评估的项目，包括项目背景、评估目的、程序和结果。使能性评估中的临时沟通很普遍，在小组的日常运行过程中，临时沟通可以在关键时刻监测小组的状态。不是所有形式的交流都需要重复描述项目和程序。不过，作为使能性评估的小组成员，我会使用"倦怠量表"来测评抱怨工作倦怠的项目参与者。每个人将自己的倦怠程度标示在展板上的量表中。这可以及时有力地反映出当前情况下工作压力给小组带来的倦怠感受，还可以为一年内的感受比较提供基准。除了传统的备忘录和报告之外，这种形式的资料可以快速地交换信息、见识和解释，使参与者及时地使用信息。这要求不止一次且以多种方式呈现同样的信息。同行的压力是强大的动力，使人们对评估结果和陈述中已做过和未做过的事情承担责任。当前的管理机构或等级制度，包括正式的和非正式的，都可以大大地促进坚决彻底的评估过程。

可行性标准

可行性标准旨在确保评估是实际的、谨慎的、成熟的和节约的。如下所述：

F1. 实用的程序。评估的程序应该是实用的，在获得需要信息时将干扰降到最小。

F2. 政策可行性。评估应该在不同利益群体的期待下进行规划和指导，这样他们就可以合作。应该拒绝任何一个群体发起的缩短评估过程或者不恰当的使用评估结果的尝试。

F3. 成本有效性。评估应该是有效的，而且可以得到有充分价值的信息，这样已经花费的资源就是合理的。（教育评估标准联合委员会，1994）

使能性评估是一种实用的评估方法。鼓励项目参与者使用现有的资料和工具，而不是重新收集数据。例如，很多项目都保存着预算信息、出席和成本记录。这些形式的信息在任何评估中都很有价值，没必要建立一个新的机制来获取这些资料。这种方法将干扰降低到最小。使能性评估要求个人对项目情况进行反思和规划，比较耗时间。如果忽略了这项工作，自我评估很可能会看起来比较简单，且没有干扰。但是，这项工作很值得进行，规范的过程可以帮助建立对项目参与者的观点和评分的基本理解。

小组或项目的使能性评估呈现最多的观点，是不同的观点和价值观。尽可能多地让每个利益群体或分支参与使得特定群体对评估的影响最小化，而不是完全消除。但是，这个开放的过程大大减少了小群体（尤其是高级管理者）试图缩短评估过程的可能性。实际上，小组参与使得评估一旦开始，高级管理者就不可能缩短评估过程。另外，长期的核对和跟踪记录了过程和程序。合作（或者更确切地说，是协商）是使能性评估的规范。这种评估方法通常使用现有资源且提供很有价值的信息，因而，不论是从项目预算的可信度和精确性来看，还是从取得预定结果和影响的程度来看，都非常有效。

适当性标准

适当性标准旨在确保评估的合法性、道德性，而且要考虑到评估参与者和受评估影响的人员。这些标准是：

P1. 服务倾向。评估的设计应该帮助组织陈述所有参与者的需要，而且满足这种需要。

P2. 正式合同。正式团体对评估的职责（如做什么，怎样做，谁来做和何时做）应该写成书面的形式，这样这些团体就有义务遵守合同的条件或者正式地进行重新协商。

P3. 主体人员的权利。评估的设计和指导应该尊重和保护主体人员的权利和福利。

P4. 人员互动。在与其他人的评估交流中，评估者应该尊重别人的尊严和价值，以使参与者不会受到威胁或伤害。

P5. 完整公正的评估。在检查和记录被评估项目的优势和劣势时，评估应该是完整的、公正的，以使优势得以发展，而劣势得以阐释。

P6. 公开结果。评估的正式团体应该确保受评估影响的人员和其他有权得到评估结果的人员得到整套的评估结果和相关局限信息。

P7. 利益冲突。应该公开诚实地对待利益冲突，确保不会影响评估过程和结果。

P8. 财政问责。评估者的分配和资源花费应该有着完整的问责程序，或者很谨慎且符合伦理，确保花费是合情合理的。（教育评估标准联合委员会，1994）

由使能性评估特点和小组参与要求可以发现，使能性评估以服务为导向，帮助组织提出并有效地满足所有参与者的要求。使能性评估有正式的协议，但是与标准协议非常不同，标准协议主要是针对单个的外部评估者。在使能性评估中，小组以书面或工作描述的形式制定自己的协议，涉及评估计划、特殊程序、参与者进行多种形式自我评估的责任、时间表。随着形势和人员的变化，要对这些要素进行开放式的重新商讨。使能性评估在规划和进行时，尊重并

93 保护人的权利和福利。如此，经过人类受试者委员会的正式同意就是合适的，会产生和发布一份知情同意书告知大家。

使能性评估很尊重人的尊严和价值。这种尊重是鼓励项目参与者通过评估掌控自己生活的基础。每项工作都是为了确保项目参与者不会威胁或伤害彼此。不过，使能性评估具有很强的自我批评特点，使能性评估中的反思和对话可能会很难，而且让人很不舒服。不管初始结果怎样，基本假设几乎在每次会议上都会受到质疑。从这点来看，使能性评估过程可能会很具有威胁性。理想情况下，信任的氛围可以促进开放和诚实的自我批评。为了创造安全放心的环境，避免情感上或智力上的"自相残杀"，需要定期进行提醒和暗示。

使能性评估很彻底[2]，很精确。每人都有机会提出问题并参与到每个问题中。另外，没有什么话题是太令人害怕而不能陈述的；一般情况下，最令人害怕的、不能说出的观点会是得分最高的项目。为了解释项目评估的高分或低分，总是需要提供并仔细检查资料。精确性很重要，不过实用性更重要。优势和劣势都需要进行评估，从而增强优势，改进劣势。

使能性评估不会让人筋疲力尽。在给定的时间和资源下，资料和观点会得到最大限度的审视。小组对观点进行一遍又一遍的排序，以调整和解释项目排序。一般情况下清单最底部的项目是落后的，需要动员一些人员去解释这些项目，而且反思为什么它们会不如其他观点重要。这些人员负责向小组陈述结果。很多结果和陈述很容易理解并实施。但是，小组将系统的结果作为一个整体来考虑和行动。

小组或项目的所有参与者都会参与到整个结果和陈述以及绝大多数的过程交流中。有些交流的范围有限制，是因为其主要是为了检验一个猜想或确定一个初步的解释或发现。一旦特定话题完毕，交流会更加宽泛。也有一些个人的和人员上的问题没有进行深入的讨论，这是为了尊重个人隐私。

利益冲突在使能性评估或自我评估中会被优先且认真地对待。在某个项目中，一个远程学习小组的成员也是项目使用的电子信息系统的所有者。利益冲突被反复的讨论，主要是因为电子信息系统的所有者把对项目的抱怨看作是小组的问题或错误，而不是看作设计本身的瑕疵或问题。换句话说，他的双重角色使得他无法理解小组的观点。整个小组和他本人都认为，他应该避免去做某些项目决定。持续的袒露是可行的，但是决定却要保持一定的距离。这是自我评估和反思过程的直接后果。

小组负责所有资源的分配或使用，主要是时间。一般情况下，所有的讨论和决定，包括资源分配，都要对所有涉及的团体公开。虽然不同的依据会产生不同的标准，但是，强调完整的问责程序、谨慎和合乎伦理的财政行为确实是一种有用的提醒。

精确性标准

精确性标准旨在确保评估可以充分发现并传达那些决定评估项目价值或优点的信息和资料。精确性的标准如下：

A1. 项目记录。清楚精确地描述记录正在评估的项目，以充分认识项目。

A2. 背景分析。充分检查项目的背景细节，发现其对项目可能产生的影响。

A3. 目的和程序描述。充分监测和描述评估的目的和程序，以进行识别和评估。

A4. 可靠的资料来源。充分描述项目评估中的资料来源，以确保评估资料的准确性。

A5. 有效的资料。经过筛选或改进，再实施资料收集程序，确保得到的解释对于进一步的使用是有效的。

A6. 可信的资料。经过筛选或改进，再实施资料收集程序，确保获取的资料对于进一步的使用是充分可信的。

A7. 系统化的资料。评估中收集、加工和报告的资料应该经过系统性的审视，而且改正所有发现的错误。

A8. 量化资料的分析。评估中的量化资料应该得到合适的系统的分析，以有效回答评估问题。

A9. 质性资料的分析。评估中的质性资料应该得以合适的系统的分析，以有效回答评估问题。

A10. 合理的结论。评估得到的结论应该是充分合理的，使用户可以评估结果。

A11. 公正的报告。报告环节应该防止由个人情感和团体偏见引起的歪曲现象，使评估报告可以公正地反映评估结果。

A12. 元评估。依据相关标准，对评估本身进行正式的总结性评估，使评估得以顺利进行，用户可以近距离地审视评估的优缺点。（教育评估联合委员会标准，1994）

使能性评估使用项目描述来确定项目参与者现在所处的位置及将来前行的方向。项目描述也是一种测量时间所带来的变化的基准。为此，在项目的最初提案和报告中应该使用实用性描述（详见实用性标准描述）。项目描述在使能性评估中会经常发生改变，在评估过程中参与者会得到正式反馈，从而产生一些新的想法和方向。因此，需要使用特定方法开放式地描述新环境和新人群中的项目定位。有些案例报告将最初的项目描述作为项目历史进展的一部分，在认同新进展的同时，指导项目进展。盲目地坚持不再相关的项目描述会导致错误的配合和评估。

这并不意味着无法对项目进行解释。自我评估是记录变化过程的最好方法。自我评估报告会描述那些与项目条件、市场、消费者、参与者的规划和评估无关的反复无常的变化。

使能性评估的背景很重要。例如，项目的生命发展周期很重要。新项目与成熟的项目不能使用同一个评估标准。环境条件以及政治、经济和文化因素在自我评估中同样重要。背景使项目参与者可以有意义地解释数据，并且对项目运行产生特定影响。项目不可能在真空中存活。希望项目在运行的第二年在财政上有所突破就是重要的背景，会改变项目第一年的运行情况。类似地，暴力、失业和饥饿在市中心或城镇是重要背景，会影响项目的发展和运行（当然也在一定程度上增加了难度）。

与很多参与式评估类似，使能性评估要描述一些细节。由于变化、延迟和更新的需要，经常需要在不同的时刻不断地重复描述目标和程序。小组的特定成员或一组个体确定且共用一个评估安排，小组（和促进者）监测事件的过程和发展。整个评估过程中，要表扬或批评重要事件。

使能性评估的研讨会证明了可靠的资料来源的重要性。项目参与者需要给出支持评分的资料。正如前面讨论过的，如果一个参与者在10分的量表上给领导力打了3分，其中，10分是高分，那么这个参与者就需要给出两方面的证据：首先是能够证明给出低分的证据，然后给出是3分而不是1分或2分的证据。整项工作中要求同时提供可靠资料。一段时间后，一些资料会变得比较容易让人接受。但是，即使是最基础的资料来源也要随时接受质疑和挑战。

保证可靠资料来源的过程同样可以保证有效的和可信的资料。当小组成员的背景差异很大时，要进行很多自我反省。但是，达成共识的基本原则需要建立在资料收集的基础上。

负责收集、加工和汇报的小组系统地回顾资料。另外，每人都有机会质疑工作的任何部分。一旦发现错误，会尽快进行改正。在大多数使能性评估中，资料很少被分为量化的或者质性的：它们仅仅是资料。资料可能是很简单的数据，易于叙述和描述。项目参与者关注资料的质量，以及真实性和可信度的问题。质性和量化的区分一般情况下由学术界去做。

在使能性评估的每个关键部分都需要充分合理地证明结论，而且用户在这个过程中充当着发表意见和进行激烈批评的角色。积极的和消极的结果同样被质疑，同样被视为自我标榜或讽刺性的。在任一情况下，需要给出例子，重新检查程序，修正结论，说明结论的局限。

汇报环节需要个人的情感和偏见，而不能对此进行抑制。使能性评估记录所有小组或项目的多文化的、多元的、个性化的因素。这些因素对于理解项目的运作方式很关键。它们可能是扭曲的、不好的，可能不容易被量化，但是并不因此而排除它们。考虑这些因素并进行汇报，可以防止偏见或错误，以确保评估报告可以公正地反映评估结果。这种完成目标的方法显然与在无偏见报告中提到的完全不同。

要经常反思和评估使能性评估。没有什么项目可以撇开外部的压力或反思。在一个案例中，认证机构担任元评估者的角色，反思和批评自我评估计划。在另一个案例中，项目投资者要求对评估计划和执行状况进行外部的检查和反思。在一次城市市区学校的自我评估中，管理者聘请了一个外部评估者来检查和评估自我评估的过程和结果。但是，不是所有的项目都有时间和资源来进行元评估。很多项目的预算很紧张，进行使能性评估就是因为他们没有资源来聘请外部评估者。有些案例中，元评估成了不合理的负担。（一些案例使用无偿的工作和服务交换来弥补经济上的因素。例如，一个外部同行小组评估某个项目，而作为交换则要求对方对他们组织中的另一个项目进行类似的评估）

一般情况下，这些标准会应用于个人的评估工作中，不论是使能性评估还是其他评估方法。但是，总体上来说将这些标准应用于使能性评估是很有益的尝试。它帮助阐释使能性评估方法的内涵，并加深对这些标准自身优缺点的理解。

结论

使能性评估符合教育评估联合委员会（1994）制定的标准的精髓，包括实用性、可行性、适当性和精确性标准，以及关于公正报告的标准。很多评估者都认为，将这些标准应用于使能性评估，阐明了这种方法的内涵。

本章展示了使能性评估的精华，即精确、灵活、诚实、实用和自我批评。下一章在自我批评的基础上，开放式的自我反省阐述了使能性评估需要注意的事项。

注释

99

1. 这些标准和将这些标准应用于使能性评估都有很多问题。另外，它们没有被任何正式的行业组织采用。但是，它们现在实际上就是领域内的标准。

2. "彻底"这个词有点模糊。使能性评估，像很多受资助的评估一样，是实用的。诚实的工作应该彻底，但是项目参与者还有其他的事情要做，而且一般情况下会尽量降低讨论中的循环往复。使能性评估中的任何方面都可以被重新评估（而且经常是这样），所以需要有一个机制来确保关键问题的彻底性。但是，彻底性的标准为实践者提出了难题，即要以正式的方式在预算之内完成工作。问题是，考虑到可用的时间和资源，什么是理想的，什么是实践的？另外，考虑到现实的限制，由谁来决定是否已经满足这个标准？

7. 注意事项：讨论使能性评估的注意事项和关注点

别让恐惧阻挡我们追寻希望。

——约翰·肯尼迪（John F. Kennedy）

使能性评估不是万能药。它是很多有效评估方法中的一种。另外，使能性评估的使用中有很多值得讨论和研究的问题。本章简单地讨论了严谨性、使能性评估与传统评估之间的关系、客观性和偏见等问题。另外，本章结尾部分讨论了特权的问题。

严谨性

使能性评估是否具有研究的严谨性？有关使能性评估的案例和讨论以及书中展示的标准说明了研究和评估中的严谨性。保证严谨性的机制包括研讨会和培训；评估中的民主参与，保证大家的观点都有体现；大量的评分矩阵，建立测量进步的基准；对术语和评分的讨论与定义（如规范）；仔细检查资料；质疑结果和陈述。这些机制确保项目参与者是批判性的、分析性的、诚实的。

使能性评估是很多有效评估方法中的一种，这些方法用来解决社会、教育、工业、医疗等领域的许多问题。随着新领域的形成和发展，这种方法需要适应、改变和创新。但是，这并不意味着要降低评估的严谨性。虽然我是自我主导评估和自我评估的主要建议者，但是我认为有必要进行充分的研究、准备和规划。这些最初的讨论要尽可能地与报告、文本、研讨会、课堂指导和实践相互补充。对评估不熟悉的项目人员要寻求评估者的帮助和指导，以设计和执行评估。而且，评估者需要公正地决定何时作为使能性评估者或其他评估角色比较合适。

传统评估

使能性评估是否脱离了传统评估？要对新方法进行不偏不倚的评估。严格的结构主义视角会扼杀新的事物；太过自由则会将新方法变成一时的狂热。从这个方面来讲，那些担心我们正在远离评估的同事是正确的，我们确实在更宽广的人群范围内分享评估。但是，他们只是片面的正确。与其他方法一样，使能性评估设计旨在满足一种特定的评估需要。它并不能替代其他形式的评估咨询或评估。我们教导他人在比我们擅长的领域进行自我管理。同时，我们为评估者建立新的角色来帮助他人进行自我帮助。

103

客观性

自我评估可以客观到什么程度？客观性是一个重要问题。我们不需要过多地解释科学从来都不是中立的，尤其是评估。任何参与到项目评估或决策中的人都能意识到，评估与其他生活一样，受政治、社会、文化、经济等诸多因素的影响。评估很少会得到单一的真理或结论。[1]

格林尼（Greene）（1997）解释道，"社会项目评估者不可避免地支持某个人的立场，而不支持其他人的立场。评估者支持的立场主要体现在，在陈述谁的问题，以及站在什么样的立场来评价项目质量"（第25页）。她指出，坎贝尔（Campbell）（1971）怎样支持政策制定者，帕顿（Patton）（1997a）怎样支持在线项目管理者和委员会成员，斯泰克（Stake，1995）怎样支持在线项目的指导者和职员，以及斯克林文（Scriven，1993）怎样支持项目使用者的需求。这些不是中立的立场，而是支持特定用户的立场。

客观性是连续体，而不是绝对二分变量。庆幸的是，客观性不会影响批判性。例如，我支持帮助辍学者继续求学并为求职做准备的项目设计；但是，我对项目的实施工作有很强的批判性。如果项目的运行状况很糟糕，那么它就不可能服务于辍学者或者用户。

有一些同行认为，评估是可以绝对客观的。例如，斯塔弗尔比姆（Stufflebeam，1994）认为，"客观主义评估者相信'道德是客观的，而且与个人的或者纯粹的人类情感脱离'这一基本理论。他们深信伦理的原则，在寻求价值决定时，严格控制误解或偏见"（第326页）。这种立场与现有的很多评估（包括使能性评估）相冲突。如伯克和罗斯（Berk，Rossi，1976）所解释的：

主流的意识形态影响了评估标准的定义。通过强调特定结果而否定其他结果，评估研究可能会证实一些有关社会问题的特定观点。而且评估研究的方法论有利于社会问题的定义；实际上技术问题也有着意识形态的方面。（第339页）

假定评估是科学的，与政治或"纯粹的人类情感"分离或凌驾在其之上，即认为评估是客观的，这是自我欺骗，而且会对他人做出不公平的评判。

一个人只需要停留在"客观"世界的表面，就会发现价值观、解释和文化影响了客观世界。评估者坚持的是谁的伦理准则？我们是否来自同样的文化、宗教或者学术传统？这种以伦理为中心的假设或论断建立在我们对社会系统和评估的已有认识上。同样，结合对文化解释的讨论、实验设计中的反应等相关资料，可以发现，认为我们可以"严格地控制误解或偏见"，是很幼稚的（见 Conard，1994；Fetterman，1982）。

偏见

参与者或者项目偏见指的是什么呢？使能性评估的指导过程需要用户的适当参与。整个小组不是单个的人，也不是外部的评估者或者内部的管理者，负责指导评估。因而，小组可以重新检验个体成员，纠正他们的不同偏见和安排。

个体不可能生活在真空中。每个人都有自己负责的工作，因而会保护特定的兴趣或安排。如前所述，学校区域可能要遵循管理者设计的 5 年计划；研究生院可能必须满足认证机构的要求；外部评估者可能会受到重要但苛刻的资助者的影响从而改变时间安排或结果，也可能会受培训的影响而使用某种理论方法。

在某种意义上，使能性评估使这些偏见变得清楚，从而将其影响降到最低。工作绩效评估中的自我评估的例子可以说明这一点。雇员与管理者协商工作目标、完成目标的策略、确定支持进步的资料和时间安排。然后，雇员与客户一起就目标、策略、资料和时间安排达成一致。这个活动在团体、制度和社区的目标和激励下进行。要在大背景（如理论）下进行自我评估设计。自圆其说的资料不能轻易地说服管理者和员工。一旦雇员失去了管理者的信任，将很难

105

重新得到信任。因而，雇员需要有既定的利益来提供真实可信的资料。在评估过程中，可信的资料（雇员与管理者和客户经过协商而一致同意）为雇员和管理者服务。

将这种方法应用于项目或社区，管理者、认证机构和其他机构要求看到可信的资料。如前面所讨论的，使能性评估中的参与者会协商目标、策略、资料和时间安排。可信的资料有利于项目的扩大、重新设计和改善。这个过程开放式地评价自圆其说的报告，提供了一个组织结构和网络来讨论制度上的不公正。一般而言，项目成员和参与者比外部评估者更加批判自己的项目，因为他们对自己的项目更加熟悉，而且希望项目可以更有效地实现目标。[2]使能性评估是成功的，它以自己的方式适应且回应了现存的政策制定和权力结构。（见 Fetterman，1993b，1993c，1994a，1995）使能性评估提供自下而上的项目实际运行状况，从而提供了挑战权力和管理层的机会和讨论。对于被剥夺公民权的群体和项目来说，这种方法特别有用，可以确保他们的想法得到表达，而且可以提出真正的问题。

特权

我使用使能性评估为边缘人群和被剥夺公民权的群体工作，从城市的学校系统到南非城镇的社区健康项目，这使我明白了在暴力、贫穷、疾病和被忽视的社区内可以做的事情，也不停地提醒着我特权的力量。占统治地位的小组富有远见，制定且改变原则，提高标准，从不需要质疑自己或慎重考虑他人的想法。在这种观点下，差异变成了弱势，而不是文化因素。处于特权位置的人们忽略了多文化世界的贡献。他们建立了理性的政策和程序，系统化地否定了社区内思想和行为不同的人们的全员参与。

评估者绝对不能忽视我们工作的文化特性。我们的西方思想和行为模式中有很多默认的预先判断和失误。这些经常占优势的价值观在很多人看来很正常。西方哲学强调传统优势，而且排斥与他们不同的人，如种族歧视和性别歧视。另外，他们系统地排斥其他的认知方式。[3]在这种情况下，斯克林文（Scriven）（1991，第260—261页）有关评估视角的讨论具有指导意义，强调接受多元视角和新视角的重要性。

我们需要保持思想开放，采纳多种认知方式，而不是空洞的思想。怀疑主义是有利的，讽刺主义、盲目和谴责是不利的，尤其对于新型的评估方法和形式。评估中的新方法和新的认知方式很必要，可以扩大知识储备，满足迫切的需要。如坎贝尔（Campbell，1994）所述，"我们不应该拒绝新的认知……对我们未经检验的设定来说，任何怀疑都应该得到慎重对待"（第293页）。帕顿（Patton，1994）可能是正确的，他认为"世界不会因为主观的冲击而终止，而是当客观声音变得混乱，会在讨厌的窃窃私语中终结"（第312页）。

评估必须适应环境的变化，否则就会被新方式取代，或者由于没有回应现实或者与现实无关而被迫终结。人们需要进行更多评估，但是外部专家的作用很有限，他们不了解项目或社区情况，也没有什么既定利益。参与、合作和赋权是很多社区评估的要求，而不是建议。不管评估团队中是否有我们的参与，项目参与者都是正在进行使能性评估和其他自我或参与式的评估。我认为，所有团队最好一起工作来改进实践，而不是忽视、遗漏或谴责评估实践；否则，我们会使运行和发展相互分离。

结论

使能性评估的初衷即是让项目成员和参与者自己进行评估。要保持评估的严谨性，尤其是在进行评估指导时。但是，实用性比学术层面的精确性更重要。另外，使能性评估满足了领域内的特定需要。使能性评估的目的是影响传统评估，而不是取而代之。使能性评估的客观性是连续的，而不是绝对的。使能性评估为项目成员和参与者提供了表达想法的机会。偏见是一种财富，社区吸纳讨论多元的视角和想法，而不是依据单一的想法进行政策制定。最后，使能性评估可以减少特权对项目成员、参与者、评估者和政策制定者的影响。

本章的讨论为第 8 章中对这种方法的进一步批判性讨论奠定了基础，后面的讨论旨在将使能性评估与其他形式的评估区分开来。这是评估团队中的一些重要成员所做的工作，特别是迈克尔·帕顿（Michael Patton）和迈克尔·斯克林文（Michael Scriven）。

注释

1. 有一些评估者认为中立性是存在的，而且与重要的文化和政治背景变量无关。例如，在自我参照评估的讨论中，斯塔弗尔比姆（Stufflebeam，1994）认为：

作为一个实用的例子，在将来的几年中，美国的老师将有机会依照国家职业教师标准委员会的标准检验能力和效率，而且如果通过，他们会有全国认证的资格。（第 331 页）

不管站在什么样的立场上，这种背景下的评估都是一种政治行为。斯塔弗尔比尔姆认为这是个机会，而有些老师却认为这会对他们的生存、地位和角色造成威胁。这可能是一种筛选器，其中社会阶层和种族是重要的影响因素。目标是"改进"，但是"为了谁""以什么样的代价"等问题依然很重要。这种背景以及任何背景下的评估都不是中立的：对一个群体而言，它是社会变革的动力；对另一个群体而言，它是巩固地位的工具。

2. 有很多促进自我批评模式的有用机制。一开始就进行项目的整体评估会使得评分偏高。但是，要求项目参与者在整体评估之前评估项目的每个部分，会促进自我批评的过程。另外，要求个人对项目的成功部分进行评论，这会使得人们可以开放地讨论问题。

3. 有些评估者认为，评估中只有一个立场和一个重要背景，使得排斥和排除"侵犯"或错误思维变得合理化。（见 Stufflebeam，1994）

8. 对话：
使能性评估与其他方法的区别

和我们搏斗的人锻炼了我们的勇气，磨炼了我们的技能。对手即是帮手。

——爱德蒙·伯克（*Edmund Burke*）

评估团体是一个学习型组织，在这个群体中同行们充分发挥自己的聪明才智来凝练和区分评估领域内的创新和改进之处。很多同行对使能性评估的发展做出了很有价值的贡献。他们的观点有力地促进了使能性评估方法的形成和修正。本章在很大程度上是这些学者的成果或综合成果。另外，也验证了沙迪什（Shadish）的呼吁，即"将使能性评估放在相似和不同的理论背景下"（第 12 页）。

与迈克尔·帕顿（Michael Patton）和迈克尔·斯克林文（Michael Scriven）有关使能性评估的讨论为区分使能性评估和其他评估提供了丰富的资料。我们之间的交流提出了很多有利于理解和运用使能性评估的问题，包括：

- 使能性评估与合作性、参与性方法有什么相似和不同之处？
- 使能性评估遵循的是较大程度的还是较小程度的理想化？
- 怎样识别使能性评估的目标群体？
- 使能性评估与用户实用型评估有什么关系？
- 使能性评估中，谁拥有所有权？
- 使能性评估中支持的作用是什么？
- 与政治公正相关的一些问题是什么？
- 问责的作用是什么？
- 为什么以用户为导向很重要？
- 什么是世界范围内的政治运动问题？
- 使能性评估中辛勤工作的作用和价值是什么？
- 使能性评估中保持距离的作用是什么？
- 使能性评估中内部和外部评估的关系是什么？
- 使能性评估者什么时候是评估者，什么时候是顾问？
- 转移评估责任的价值是什么？
- 使能性评估中过程使用的价值和重要性是什么？

过程使用是很好的出发点，对评估结果和建议的使用很重要。

关注过程使用

帕顿（Patton）（1997a）和凡德普莱特（Vanderplaat）（1995）准确地将使能性评估置于解放性研究的大背景下。帕顿（Patton）认为，使能性评估对评估领域的独特贡献在于，关注和承诺促进自我决定（第 148 页）和能力构建（第 155 页）。帕顿（Patton）认识到了使能性评估背后的重要理论，即"（使能性评估的）第四个目的是……传授评估逻辑和技能，为正在进行的自我评估构建能力。这些技能促进了自我决定的能力"（第 156 页）。

111

基于这点，帕顿（Patton）识别出了使能性评估的关键特征：
"过程使用的使能性评估"（第 156 页）。

过程使用关注评估中参与者的影响，而不仅仅是得到结果，还
关注逻辑使用、推理运用、加强评估职业性的理念所带来的影响
（如 Fournier，1995；House，1980）。这些影响包括：促进项目参与
者之间的相互理解，支持和加强项目干预以及项目、组织和社区的
发展（如发展性评估，Patton，1994），加强项目参与和项目评估过
程所有权。参与和合作可以促进评估逻辑和技术的长期使用，从而
建立起学习的文化。

《使能性评估》（Fetterman，Kaftrian，& Wandersman，1996）中
的案例记录了评估中的项目参与者怎样评估过程和结果。贯穿本书
的主题是，学着像评估者一样观察世界，会对评估的参与者产生长
期影响，这种影响可能会比其他评估更加深远长久，特别是将学习
应用到将来的规划和评估中。使能性评估对能力构建的强调，阐明
了过程使用的本质和重要性，帮助人们学习和理论化评估实践。

库辛（Cousin）对北美评估者和实践者的调查结果也强调了过
程使用的重要性，显示出"参与使得实践者重新思考他们的实践并
质疑其基本假设"（第 8 页；有关评估影响和实施研究过程的关系的
进一步讨论，见 Ayers，1987；Cousins，Donohue，& Bloom，1996；
Cousins & Earl，1992，1995；Greene，1988；Patton，1994，1997b；
Preskill，1994；Torres，Preskill，& Piontek，1996）。

合作性、参与性和使能性评估

在实践中，合作性、参与性和使能性评估方法有重叠。特征之
间的重叠、相关、强化可以产生协同功能。使能性评估需要合作性

112

和参与性的活动。合作性和参与性是使能性评估方法的特色，清楚地强调自我决定和能力构建。但是，应该理清相似方法之间的概念区分。例如，合作性评估涵盖的活动最宽泛，从评估者与重要用户间的最初（最小）咨询到与项目成员和参与者在每个评估步骤中的所有合作。参与性评估方法的范围包括从项目成员和参与者参与研究或评估到直接参与评估设计和实施评估。一般情况下，参与性评估在开始阶段会使评估者将参与固化在工作和尝试中以转移权利，直到参与者掌控这种工作。一般来说，当项目成员和参与者掌握了很多参与性方法时，使能性评估才真正开始。

库辛（Cousins）、多纳罕（Donohue）和布卢姆（Bloom）（1996）用图表的形式从两个维度比较了这三种评估方法[1]：一是参与的深度，二是评估方法决策的控制权。根据他们的概念框架，使能性评估（Fetterman，1994a，1995；Fetterman，Kaftarian，& Wandersman，1996）是深度参与且由利益相关者控制，所以应处于最深层次，位于图中最左下角的位置。参与性评估（Brunner & Guzman，1989）处在第二的位置，与使能性评估具有相同的参与程度，但是用户控制程度处于另一种，即平衡控制类型。基于利益相关者的评估（Bryk，1983）具有中等的参与程度，而且是评估者控制类型。这些方法与客观主义评估（Stufflebean，1994）相反，客观主义评估与合作性、参与性和使能性评估模型没有任何关联，不具有合作性，处于"没有参与/仅有询问"和"评估者控制"一类中。（见图 8.1对这些分类的图示；有关评估者角色不同的三种评估方法的有效比较，如使能性评估、合作性评估和基于利益相关者的评估，见Weiss，1998；有关参与性评估的进一步讨论，见 King，1998 和 Whitmore，1998）

这些相似方法之间的区别并不能分隔或减弱它们之间的强大联系。合作性、参与性和使能性评估方法之间的共性大于其不同之处。

113

评估方法决策的控制权

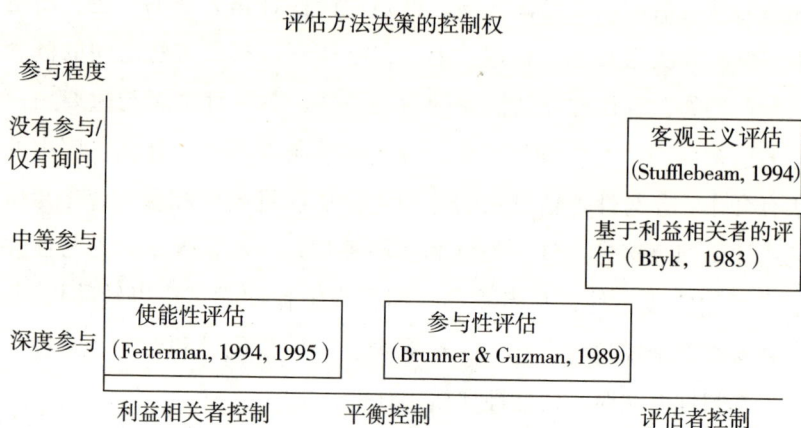

图 8.1　合作性评估过程维度

基于"北美的合作性评估：评估者自我报告的观点、实践和结果"，J. B. Cousins, J. J. Dohonue 和 G. A. Bloom，**1996**，评估实践，**17**（3），第 211 页。

114　连续性

　　在实践中任何方法都不是只有完全或纯粹的一种形式。评估近乎一种理想形式。使能性评估与其他形式的评估相似，以连续方式存在。使能性评估经常会为了适应当地环境而进行合理的修正。[2]使能性评估需要适应当地的背景、参与者和评估专家、项目的发展阶段。在界定某项工作时，需要考虑到意向和背景。这并不意味着使能性评估可以囊括一切；有些工作没有反映出使能性评估的价值观或内化其假设，特别是那种将评估者与项目成员和职员分开的价值观。但是，在很大程度上符合使能性评估的理想模型依然是连续性的。

　　在此基础上，可以将一些工作归为使能性评估，而将另外一些工作归为使能性评估的概念和技术在其他评估方法中的运用，这很有意义。例如，我最近指导了一个教师教育项目的评估。[3]从很多方面来看，这是传统评估；但是，我将使能性评估的概念和技术应用到这项工作中，包括要求学生焦点小组（消费者）对项目的最重要特征进行识别和评分。这是一个应用使能性评估概念和技术的例子，而不是纯粹的使能性评估。

目标人群

使能性评估关注传统的无公民权、被压迫的、经济贫穷的人群。[4]但是，无公民权的和被压迫的人们也存在于传统的学术、政府和商业组织，而不仅仅是犹太人区和不发达地区。另外，这种方法扎根于与残障人士的共同工作中。自我决定适用于任何一种社会经济水平的个体。吉恩·格拉斯（Gene Glass）（个人交流，1998）已经深刻地意识到赋权既是一种心理力量，也是一种政治力量。从心理上来说，每个人都可以因为变得更加自我决定而获益。从政治上来说，会有一些限制。

标准以及与利益相关者和应用导向的评估的相似性

115

如帕顿（Patton，1997a：148）所述，使能性评估受到以用户和实用为焦点的评估的影响很大。这些相似点并不一致。在很多方面，使能性评估应该重新整合它们。事实上，这可能是使能性评估方法的必要不充分条件（有关利益相关者参与和评估应用的详细讨论，见 Greene，1988）。

所有权

评估所有权和小组支持（后面一部分会有更多的细节讨论）兼容且相互促进，但是并不一致。所有权不是一个简单步骤，需要小组和使能性评估者的艰苦工作。本质上，权力主要由进行自我评估的小组掌握（由专业的批判性朋友指导）。甚至那些要求实施使能性评估的小组也有可能不能完全理解使能性评估的开放性和民主性。很多小组已经被其他框架社会化，很容易向相对安全舒适且定义清楚的界限和期待妥协，如选择将评估转移到"专业评估者"手中（使能性评估中应该避免这个步骤，以促进自立而避免依赖性）。这只是个常规问题，但是，关键是所有权。小组的项目成员和参与者需要考虑怎样以最好的方式收集和分析资料。在这项工作中，参与者学习使用已经收集到的资料（但是以一种更聚焦和系统的方式），而且使评估过程成为日常生活的一部分，包括例会。当小组开始将评估作为工具来促进自我决定和项目发展，下一步自然就是负责任的宣传。要根据结果来判断是否需要宣传，当评估结果值得宣传时，就可以进行宣传。

宣传

116　　有关宣传和问责的问题，上面和第 1 章都有简短的论述，其中宣传被视为使能性评估的一方面。本章中，"宣传"可以进一步说明使能性评估和其他方法之间的相似性和不同之处。例如，使能性评估者分享了格林尼（Greene，1997）对评估中的民主多元化的明确认定，将评估看作一种动力，将有关重大公共问题的公开对话民主化（第 29 页）。但是，她将这种想法与对特定项目的特定看法分离了。

由此可见，对于一些评估者而言比较棘手的是作为宣传者来帮助小组的教练或评估者的角色问题。使能性评估者首先需要考虑的是帮助他人，如帮助他们评估自己的项目，收集那些以后可以用来说明变化趋势的资料。遵循行动民族志学者使用的规则，使能性评估者将自己从权力的作用中解脱出来。内部人或者参与者在评估者的指导和帮助下设计和实施评估。实施特定改进或者要求额外资源的决定，依然由项目成员和参与者做出。他们控制自己改变的方式。但是，这种方法（尽可能多地将自己从权力中移开）只能适用于有潜力决定自己命运的社区里。使能性评估可以使小组变得更有凝聚力和使能性，可以为自己的处境做些事情。但是，这种方法要求小组有能力严谨地确定决策制定过程，并且控制进行改革所必需的资源。

与那些宣传自己同事的行动人类学家（Tax，1958）类似，使能性评估者也可以这样做（如果这些结果值得支持）。在参与者已经评估完项目或社会条件，并提出了问题的理想解决方式之后，使能性评估教练可能会转而承担新的项目或小组宣传者的角色。但是，项目成员和参与者通常会是自己的宣传者。对于有能力宣传自己的小组，使能性评估者的宣传作用依然很重要。

评估中宣传的角色并不新鲜。任何评估的关键部分都是将评估结果与用户和公众进行交流。评估结果自己不会说话，而只是认真编写而成的文书。因而，在呈现传统的评估结果时，评估者可以而且经常担任着宣传者的角色。

在指导完一个国家辍学项目的评估之后，我们的评估团队准备了一份"联合传播评论小组意见"（Joint Dissemination Review Panel Submission），以提高项目的可信度，使将来获取更多的资助。使能性评估者可以在公共论坛上发表文章以改变公众看法，也可以选择合适的时机在政策制定论坛发布某种情况的相关信息。向有关公众呈现评估结果是评估者的合法责任，可以影响信息的使用。与传统评估一样，在使能性评估中，宣传是合乎法律和道德伦理的，但是应该在足够的和适当的评估活动都已经完成之后。而且，项目成员、参与者和资助者都应该主导这种特定的项目宣传活动。

豪斯（House）和豪（Howe）有关审议民主和社会公平的观点（House，1998；House & Howe，待出版）阐明了在使能性评估中如何理解和实施宣传工作。

错误的宣传意味着，不管事实如何，在开始研究时，就确信非裔美国人是对的，而服务者是错的，反之亦然。这不是评估者应该做的。

评估中的公众利益是一种审议民主，是指评估客观地告知公众观点和利益，增强对话，促进旨在达成有效结论的审议。客观性通过包容、对话、审议和专业评估者的评估技术来保证。评估者必须承诺关注某种民主和公众利益。问题在于这种民主和公共利益是否明确且合理。（House，1998，第236页）

政治正确性

118   在任何评估中（包括使能性评估），政治正确性都很重要。它悄悄地发生，如同细微但有穿透力的噪声潜入人的意识中。与帕顿一样（Patton，1997a），我也发现，甚至那些被政治正确的言辞深深影响的小组一般也要为小组成员的行为承担最终责任。但是，我关心的是激进组织的潜在暴政，是左派还是右派。问题是，谁来确定意义？有一些个人用很多适时的问题成功地占满了日程安排，打扰他人，从而使得他人贡献的能力最小化。这些个人对促进社会变革或公正并不怎么感兴趣，而只是对控制他人很感兴趣。有关过程的问题（即使是很长的问题）和决策制定是合适的，但是，这样的个体会为了多种不同的控制动机来挑战传统。小组中有企图的成员采取看似无意的行为，包括肢体语言、语调和面部表情，来贬低他人，从而将他们驱逐出对话。政治正确的"警察"旨在制裁而不是教化，严格规定可接受的行为标准。他们是专制性的、控制性的，因而可能会对评估工作产生负面影响。

问责

问责是使能性评估的重要特征。帕顿（Patton，1997a）准确地阐明了使能性评估的哲学基础，他认为，"（使能性评估的）哲学基础是：最高级的问责是自我问责"（第 161 页）。但是，并不止于此。如第 5 章中所讨论的，在高等教育使能性评估的自我学习认证中，小组决定终止一个项目且合并另一个项目。削减或巩固自己的项目代表着内部和外部的最高形式的问责。虽然使能性评估有利于传统的外部问责，但是其焦点是发展和自我问责。

关注用户

使能性评估关注用户。斯克林文（Scriven，1997a，1997b）经常强调评估中用户的作用。这是个有用的提醒和贡献，可以防止自利的沾沾自喜，避免减小用户的作用。一般会自然地倾向于关注评估资助者或最容易接触到的人，而经常忽略用户。

同时，不是所有的评估（包括使能性评估）都是仅仅关注用户。用户仅仅是问题的一部分。如果我们希望认清整体情况或者采纳实施建议，还需要考虑成员和管理者的制约作用。而且，在尝试建立一个学习型组织之初，应该发展一批重要的项目成员，因为刚开始他们比较有凝聚力。此外，项目成员和参与者或用户之间的比较并不是完全有效的，因为项目成员和参与者都需要变得更加自我决定和帮助他人。理论上来说成员和用户的利益有真正的差异，但是，在无公民权的社区，这些差异很小。

运动

有些同事有时将使能性评估严重地看作是全世界范围内的"运动"。[5]考虑到政府、基金会和学术界的接受速度和范围，这是可以理解的反应，这确实使得这种新的评估方法得到广泛的关注。但是，使能性评估仍然只是世界范围内正在使用的众多评估方法中的一种。使能性评估工作的参与程度和创造出的丰富而有意义的环境促进了承诺和热情。这是一种建设性力量，帮助人们运用评估进行自我帮助，而且建立了动态的学习型组织。

近来有关评估者和实践者的调查，显示了评估方式的转变，使得合作性、参与性和使能性评估较易得到接受。例如，库辛斯（Cousins，1998）报告了实践者怎样发现这种评估方法的有益性和有趣性。另外，库辛斯、多纳罕和布卢姆（Cousins, Donohue, Bloom, 1996）论述了熟悉这种方法的评估者怎样认为"评估会引起实践中的基本变革""它激励着实践者去质疑实践中的基本信仰和假设""它帮助实践者改进实践""它应该教给实践者评估的力量和价值，以促进变革""它应该帮助培训实践者进行评估""评估中实践者的参与促进了评估资料的应用""实践者参与评估会使得研究更能满足本土需求"（第216页）。普利斯克尔和卡利斯里（Preskill & Cara-celli，1997）调查发现了下列结果：

近十年来最大的变革是重视组织学习、参与性、以实践者为中心的行动研究或应用使能性方法进行评估。调查对象认为，评估不仅促

进了组织学习，而且评估可能是一种强大的变革方法。（第 221 页）

另外，他们发现"几乎所有的调查对象（95%）都认为评估者应该有责任让利益相关者参与到评估过程中"（第 221 页）。这些研究结果显示了这种方法所展示出的激动、承诺和力量。

近些年来，使能性评估在专业协会中也有了一席之地。美国评估协会有一个合作性、参与性和使能性评估专题兴趣小组，有自己的网站主页（http：//www. stanford. edu/~david/empowermentevaluation. html）、时事通讯和邮件讨论组。使能性评估在评估、教育、健康、人类学协会会议中都有很好的展示。

虽然我不赞同斯克林文（Scriven，1997a）和塞克莱斯特（Sechrest，1997）认为使能性评估是一个运动，但是我确实认同那些同行为本领域工作时的付出和忠诚，以及我们一起开拓这条路的智力激情。这种方法并非源于个人的努力，它是正在进行的集体工作，精炼并进一步发展一种自我评估形式，使用传统评估的概念和技术来促进自我决定和项目发展，在过程中构建能力。

121

艰苦的工作

有关使能性评估的讨论中有个普遍的问题，即它是否需要更多的工作。或者，如很多人所言，"它听起来是艰苦的工作"。答案是肯定的，但是，取决于你怎样定义工作。比起告诉某人做什么或者他们工作的好处是什么，进行使能性评估会难一些。当项目成员和参与者没有按照基本的原则参与评估过程时，评估会进行得非常快，而且不用花很大工夫。如果评估反映的是社区利益和少数观点，如管理者个人的观点，那么评估就较为简单，而且不需要做很多的工作。构建能力和促进使能性是艰苦的工作。但是，它是对人类和人类工作的可持续性的基本投资。

承诺重新定义了工作。如人类学家鲁斯·本尼迪克特（Ruth Benedict）所说，"生命中最激动的事情莫过于相信自己正在为所有值得的事情而努力，可以是看起来就很好或者内心深处感觉很好的事情"。对自己笃信之事的承诺可以将苦工和"艰苦的工作"转化为爱的劳动。当小组或组织中建立了评估文化时，工作就会产生"福流"（flow）。米哈利·克斯克斯赞特米哈利（Mihaly Csikszentmihalyi）在他的著作《创造性：发现和发明的福流和心理机制》中描述了这种现象。他在那本书里呈现了很多案例，当一个人较为专注时，时间会看似过得很快。一旦评估文化得以建立和保持，赋权评估就以这种方式准确地运作。人们富有激情，而不是精疲力尽。在使能性评估经历中可以真切地体会到成就感。正如一个评估参与者所述，"我记得在我们最忙的时候，每个人都很累，但是没有人抱怨。你只是真正地专注于此了"。虽然使能性评估会努力将项目成员和参与者的工作减少到最小，但是，不应该存有幻想或误解。使能性评估需要艰苦的工作，这种工作能够激发想象、滋养灵魂、解放心灵。

122 距离

对一些评估者而言，距离是独立性和客观性的一种形式。[6]根据斯克林文（Scriven，1997b）所述：

有多种进行远程评估的方法，但是可能需要说明的是，无目标的评估在很多情况下都很有效，评估者不仅从未跟项目成员交谈过，而且从来没有阅读过有关项目基本原理的文件。（第484—485页）

我曾经指导过一部分审计工作，没有访谈过项目人员，而仅仅依赖现有资料。这显示了这种方法的广博性，但是这是了解特定情况的最无效方式，无法确定项目的价值。也许在特定的工作中（比如研究性评估和审议）需要这样，这时不应该"露出底牌"。但是，在大多数合作性和使能性评估中，这种方法是不合适、不真实的。

为了得到有效的可靠的结果，人的因素是关键因素之一。我相信最好的资料需要通过近距离的观察和互动才能得到，而不是疏远。而且，疏远使得互动和思考难以进行。与他们谈话、体验他们的日常生活可以发现他们生活的丰富性，以及他们对评估的各种影响。（见 Fetterman，1989，1998c）

内部和外部评估

使能性评估和外部评估不是非此即彼的关系。使能性评估影响了评估的制度化，使之成为日常规划和项目管理的一部分。它也通过确定价值来促进启发和解放。

很多资助者和认证机构已经发现，对项目成员来说自我评估比外部评估更有价值，特别是旨在进行能力构建时。另外，如果内部评估和审计旨在发现问题并使问题得到管理层的关注，那么它的制度上的完整性和力量将会对大型组织的发展方向和运作产生深远影响，前提是评估者有机会向管理层及其最高管理机构报告评估结果。

我（Fetterman，1996a）和斯克林文（Scriven）同意这个观点：

毋庸置疑，外部评估者有时会错过对职员来说很明显的、有深度的问题，而且比起使能性评估者，他们不太能够得到职员的信任，而且由于这样那样的原因，他们的建议较少有机会得以实施。使用外部或内部评估的两难困境，与量化和质性方法之间的困境同样错误。解决方法是总是尽可能充分地运用这两种，而不是只选其一。（Scriven，1997a：12）

很明显，如前面所讨论的，第二种（外部的）视角可以使得小

123

组避免盲点，而且提供了项目内部观点之外的另一观点。使能性评估为外部评估提供了非常充分的资源，可以补充外部评估的作用。因此，使能性评估和外部评估相互促进。

斯克林文（Scriven，1997a）预见了将来的使能性评估和传统外部评估的结合：

非常有价值的一点是，要着力于使使能性评估成为一种很好的评估方法，这种评估方法要合乎时宜（经常这样）且控制偏见（比如通过发挥用户代表和外部评估者的作用）。如果再结合对评估结果的认真（第三方）评估，将会对评估系统做出很大贡献。以我的判断，这就是使能性评估的最好前景。（第 174 页）

我同意这是一种未来的发展方向。但是，当评估目标在于发展时，使能性评估是独一无二的。

使能性评估者或顾问

在使能性评估中，专注的教练或促进者参与自我评估的日常方面。使能性评估者与项目成员和参与者一起参与评估工作。使能性评估的培训与评估的设计实施相关，因而也是评估。这和与学生或年轻同事一起进行评估很相似，我们在评估的同时指导他们。如很多学徒所知道的，这是学习一门手艺的最好方式。教学型医院是将教学和实践结合的一个例子。

但是，教练或促进者可能会作为使能性评估顾问，而不是使能性评估者。使能性评估顾问为正在进行的使能性评估提供意见。当我在顾问委员会工作，为正在进行的使能性评估提供意见，而没有直接参与到评估的日常事务中，我的角色是使能性评估顾问。类似地，当培训或指导人们怎样进行自我评估，而不是亲自进行评估时，

评估者正在担任的是有用的顾问角色。(有关差异的进一步讨论，见 Scriven，1997a，第172页)

责任下放

我和斯克林文（Scriven）（1997a）认为，"应该下放评估责任。对于一个项目，如果项目成员不能对自己的项目进行很好的评估，那么从某方面来说这个项目用人不当。使能性评估正在努力减少这种情况"。(Scriven，1997a，第174页)

转折点

下面将讨论转折点、重要问题和概念化。我和斯塔弗尔比尔姆（Stufflebean）（Stufflebean，1994；Fetterman，1995）的争论如下：差异有利于澄清对立的关系。与帕顿（Patton）、斯克林文（Scriven）和西科莱斯特（Sechrest）（Fetterman，1997a，1997b；Patton，1997a；Scriven，1997a；Sechrest，1997）在文献中的讨论显示了使能性评估的重要进步。但是，我认为凯立木斯克（Chelimsky）和沙迪什（Shadish）的《21世纪评估手册》（1997）是这次评估讨论中的转折点，使我们从自己设置的人为障碍中解放出来。凯立木斯克（Chelimsky，1997）没有讨论使能性评估是否符合评估，而是提出了三个不同的评估目标，这为我们的讨论提供了有用的框架。

1. 问责（例如衡量结果或效能）
2. 发展（例如强化体制）
3. 知识（例如加深对特定领域的理解）

凯立木斯克（Chelimsky）对第二个目标的描述与这种讨论最相关。凯立木斯克（Chelimsky）解释道：

125

　　为了实现强化体制、改进机构绩效、帮助管理者考虑规划、评估、任务报告等目标，评估者面对的是不同类型的问题，尤其是，是否可以帮助他人来建立评估文化，从而构建提升绩效的能力。这种问题需要使用发展性的方法进行正式评估，比如菲特曼所描述的参与性分析（见第27章［Chelimsky & Shadish，1997］）。这些方法的目标是赋权于机构人员，而不是得到机构项目实施结果，当然后者也有可能是发展重点中的一部分。在这个案例中（见 Wholey，第8章，和 Mawhood，第9章［Chelimsky & Shadish，1997］），可能会（已经）要求使用不同方法的独立评估者来确定由这些评估者和机构（或项目）行动者的内部合作所得到的结果。（第9~10页）

　　这个概念框架的设计并不是非常详细，也不是唯一的，但是它确实可以促进我们进行更为丰富的交流。在这里我们以一种理性而精确的方式讨论了适用于每种目标的标准，而没有各说各话，也没有以排斥问责的视角来主要讨论发展性方法。使能性评估显然特别适用于发展目标，也适用于评估的问责和知识目标。

126　　结论

　　全世界的同行为使能性评估的发展做出了贡献。两位著名的同行已经由于他们的卓越贡献而成为大型学术团体的成员。同意、挑战和问题帮助精炼了使能性评估，奠定了它在本领域的地位。正如我在1993年美国评估协会中的会长演说中所述，"任何一种新方法的最终检验都是，它定义明确、用途广泛、广为接纳，从而成为评估主流的一部分。我期待有一天它成为评估工具箱中的又一个简单工具"。（1994a，第12页）超乎我意料的是，很多评估者认为使能性评估已经是一个很强大的工具。下一章将讨论网络在协助诸多评估者进行使能性评估中的作用。

注释

1. 库辛（Cousins）、多纳罕（Donohue）和布卢姆（Bloom，1996）认为，合作是一个总体概念或方法，赋权和参与是其中的一种形式。但是，也有一些评估者认为，合作与赋权和参与不同，是另外一种不同的方法。

2. 帕顿（Patton，1997a）认为使能性评估严格地属于解放的范畴，而我的看法更加包容一些（Fetterman，1997a）。

3. 给斯坦福大学校长的有关教师准备项目的评估报告的 PDF 复本见如下网站：http：//www. stanford. edu/~davidf/step. html。

4. 帕顿（Patton，1997a）认为无公民权的人群是使能性评估的主要目标群体是正确的。但是，再一次地，我对合理的应用范围和目标人群持有更加宽泛的观点。

5. 斯克林文（Scriven，1997a）解释道，"开始是对一本书的评论，后来已经扩大到对一项运动的评论和批判，这是评估很重要的部分"（第 1 页）。西彻莱斯特（Sechrest，1997）也认为使能性评估是一种运动，因而需要进行更多的讨论。

6. 如斯克林文（Scriven）（1997b）所述，前面的评论并不只是有关总结性评估，而且关系到形式化评估。在很大程度上，形式化的评估是总结性评估的最初形式，特别关注组成部分或维度而非整体说明（因为这会促进改善），而且直接服务于项目指导者或职员，而不是外部的决策制定者。它应该与处于中间阶段的总结性评估不同，以后的评估还依赖于中间阶段的情况。后者可能是整体的，而且报告给外部人员，不一定会告知评估者。这两种评估方式都需要更高程度的"疏远"。（第 498~499 页）

127

9. 世界网络：使用因特网作为工具在全世界推广使能性评估

新型的电子信息交互将世界重塑为小村庄。

——马歇尔·麦克卢汉（*Marshall Mcluhan*）

自从 1993 年美国评估协会提出使能性评估之后，使能性评估已经变得全球化（Fetterman，1994a）。它需要艰苦的工作和一系列成功的努力。使能性评估能够为人们所接受，部分原因是它的及时性。评估者正在使用或正准备使用参与式自我评估的形式，因为对评估者和职员来说，它代表着评估实践的下一个逻辑步骤。资助者和职员关注的是项目发展和能力构建。在承诺促进自我决定时，会伴随有人们和公共利益的关键性匹配。

但是，这种方法在世界范围内的应用也是得益于因特网。因特网能够很快地在世界范围内推广信息，这为使能性评估提供了非常有价值的沟通工具。因特网和相关沟通技术（如电子邮件、邮件讨论组、在线调查、视频会议、虚拟教室和讨论中心）不仅促进了使能性评估的思想传播，而且在线讨论也使得评估过程本身得以精炼。

有关使能性评估的这本书在一次虚拟会议上初次放到了网上，基于在线的反馈进行了一些修正。类似地，在线的使能性评估调查也得到了及时反馈，量化了各种使能性评估者的特征，如年龄、性别、社会经济地位、政治倾向，还有本领域的有用工具的建议清单。沟通技术也可以促进评估参与者和使能性评估教练的讨论，可以不同时或同时进行，而不需要使用面对面的会议时间。这种新方法的快速推广为所有领域的同行提供一个模式。

前面的章节对使能性评估的背景、理论、阶段、案例、标准、注意事项和显著特征进行了简要讨论，提供了该方法的有力见解。本章着重探讨该方法和作为强大的传播工具——因特网之间的相互促进关系。从这点上来说，因特网已经是一种极有价值的传播模式。

因特网及相关技术：一种有效的传播模式

因特网

因特网大大促进了使能性评估的相关知识和用处的传播。网络主页、邮件讨论组、虚拟教室和会议、在线调查、网络视频会议和网络出版物是强大的工具，使得个人可以与很多人进行交流，及时地回复询问，传播知识，与全球范围内身处异地的人们取得联系，并且创造一个全球化的学习型组织。这个简短的讨论强调了因特网在促进使能性评估的交流和理解方面的价值。本章中讨论的所有网站在 http：//www. stanford. edu/~davidf/webresources. html 和 http：//www. stanford. edu/~davidf/empowermentevaluation. html。

131

主页

合作性、参与性和使能性评估的主页已经是一种有用的机制，可以分享特定项目、专业协会的活动、著作评论和相关文献的信息。本着自我反思和批评的精神，使能性评估的正面和负面评论在主页上都有显示（见 Altman, 1997；Brown, 1997；Patton, 1997a；Scriven, 1997a；Sechrest, 1997；Wild, 1997）。主页上还有合作性、参与性和使能性评估专题兴趣小组的电子时事通讯。主页也是一种有用的网络工具，提供姓名、电子邮件、通信地址、电话号码和传真。也有一些与参与式评估网站相关的链接，如哈佛评估交流、健康促进网站中的社区使能性测量网站，免费的软件，伊奈特（InnoNet）的网络评估工具箱（一种网络上的自我评估项目），以及其他一些帮助同行进行自我评估的网络评估工具（见 http：//www. stanford. edu/~davidf/empowermentevaluation. html）。

邮件讨论组

邮件讨论组是那些有着共同兴趣的参与者的一系列邮件地址。该程序的成员可以向群邮箱发送信息从而与所有加入者一起交流，这个过程可以在极短时间内完成。因而，邮件讨论组是一种可以快速且深入地与许多人一起交流的简单方式。使能性评估的邮件讨论组也会定期放置一些就业机会，也可以用来讨论各种问题，如合作性、参与性和使能性评估之间的区别。经验丰富的同行和博士生已经提出了一些问题或争论，也收到了大量及时的建议和支持。

邮件讨论组确实也有一些限制，会定期地淹没一些不太相关的讨论。另外，服务器的问题可能会导致无休止地循环重复显示信息，

132

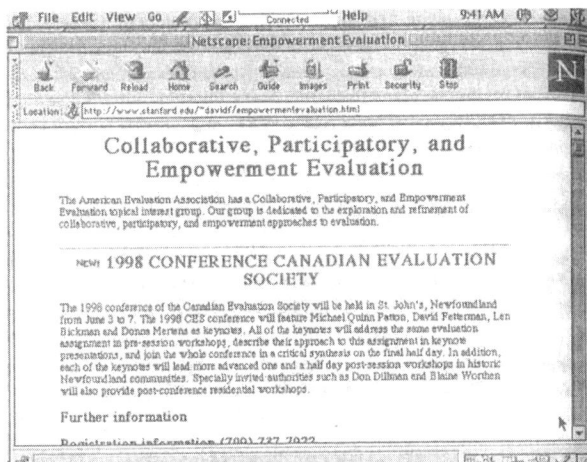

图 9.1　美国评估协会合作性、参与性和使能性评估主页的电脑截屏，
页面上是加拿大评估协会的讨论会

从而掩盖了用户信息，还有可能导致整个计算机系统的瘫痪。这种事故发生的可能性极小，但是如果发生就会使得最初的使能性评估邮件讨论组瘫痪，从而只能更换。另一个问题是，很难在讨论后及时地对信息进行跟踪，因为它不是以标题进行组织和储存的。

虚拟教室和讨论中心

　　虚拟教室和讨论中心允许成员呈现最重要文件中的信息，而不是像邮件讨论组中很多邮件将重要信息和不相关的信息混合在一起。在这里文件按照主题进行分类，吸引着有着同样兴趣、关注点和问题的同行。比起邮件讨论组，虚拟教室或讨论中心的优点在于它为读者提供了讨论的主线；虽然评论不是同时进行的，但是记录或材料看起来像是对话。同行们有时间在回答之前进行思考，请教同行或查询期刊，组织思路，然后回答询问。另外，与邮件讨论组类似，虚拟教室和讨论中心可以使评估者根据自己的日程和零散安排进行

133

交流（具体细节，见 Fetterman，1996b）。

虚拟教室或讨论中心也是一种理想媒介，可以与远处的项目参与者一起工作。例如，一些八年级的教师发来邮件，寻求帮助来进行他们在华盛顿州的项目的使能性评估。当时，我的团队不可能到那里或者放弃我们日常的职责。我们利用虚拟教室和讨论中心来与教师进行交流。

在虚拟教室和讨论中心，这些教师展示了自己的使命，列出了与他们的八年级项目相关的关键活动。然后，我和同事们对他们的展示进行评论，并且随着他们一步步的前进进行指导。虚拟教室和讨论中心也有虚拟的聊天环节，允许进行同时的和非同时的交流。这种特征比较近似于传统的面对面交流，因为这是实时的"对话或聊天"（通过来来回回地打字）。但是，实时的交流限制了使用者回答问题的灵活性，因为当他们的同行进行交流时，他们必须要同时坐在电脑前。非同时的交流，如邮件和虚拟教室，其优点是，参与者不必同时进行交流；而且他们可以根据自己的日程表和时间安排来相互答复（虚拟教室的说明见 http：//www. stanford. edu/~davidf/virtual. html）。

在线调查

在线或网络调查是很出色的工具，可以在很短的时间内收集成员的相关数据并把握小组的动态。美国评估协会的合作性、参与性和使能性评估小组使用一个在线调查来建立项目成员数据库以及了解成员对评估的看法，该在线调查由一家网络公司——Flashbase 进行管理和运作（http：//www. flashbase. com）。在线调查是免费的，且提供用户友好的、可修正的模板，以促进制作问卷的过程，问卷会根据小组的兴趣和关注点有所改动。在线工具自动地筛选调查数据，并建立柱状图以清楚地显示调查结果。例如，在线的使能性评估调查的第一部分要求简单的人口学数据，如姓名、地址、电话号码、传真号码、邮箱地址和网页信息。先前存在的表格会有所修正从而制作调查的这一部分。成员可以随时筛选搜索在线资源提供的信息，不论白天或是夜晚，这促进了联系和沟通。

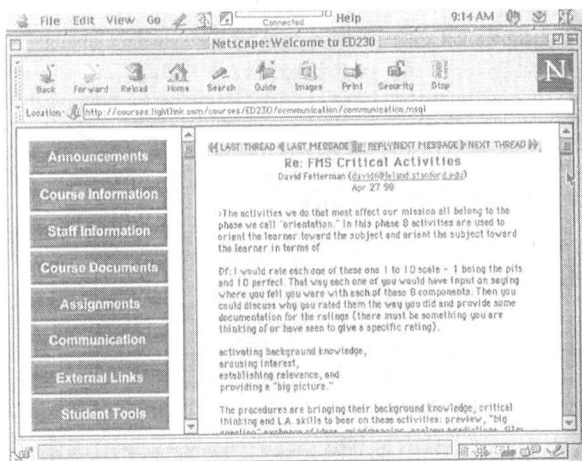

图 9.2 来自华盛顿州的八年级教师在虚拟教室里
展示他们的活动以及来自我们（加利福尼亚州斯坦福大学）的评论

调查的下一个部分是询问使能性评估者对本领域和自己的看法。调查主题和问题包括下列条目：

• 选择你应用使能性评估的领域：基础教育（K–12），高等教育，医疗，商业，非营利，其他。

• 你是如何得知使能性评估的？

• 你进行使能性评估的频率是多少？

• 你既进行使能性评估，又进行传统的外部评估吗？

• 为了提升你自己作为使能性评估者的能力，你会寻求什么类型的帮助？

• 你在进行使能性评估时，最常用的工具是什么？

• 列出你会建议朋友去学习更多使能性评估知识的最好的参

135

考书。

• 列出你想与同行们分享的最有价值的网址（帮助他们进行使能性评估）。

• 使能性评估要比传统的评估花费更多时间吗？

• 与传统评估相比较，在构建能力方面，使能性评估是否更有效？

• 你认为外部的和内部的使能性评估是兼容的吗？

• 与传统评估相比，使能性评估是否更令个人满意？

• 给出你对使能性评估方法的整体评分，有 1–5 五个量度，1 为最不好，5 为最好。

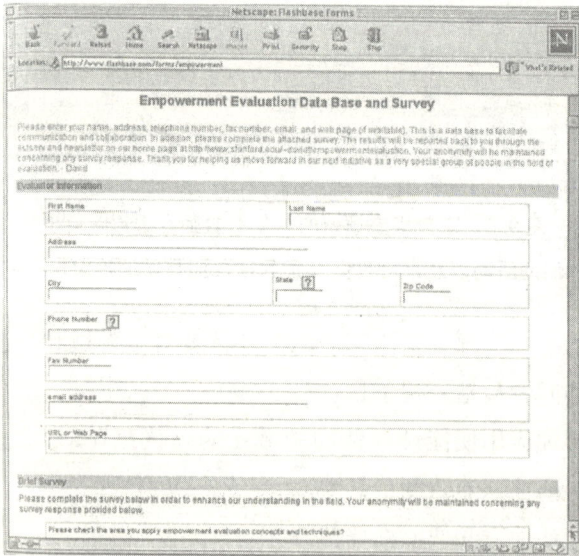

图 9.3　这个电脑屏幕截图是使能性评估调查表的第一页

（http：//www. flashbase. com/forms/empowerment）

这一部分是用来获得成员的基本人口学数据

还需要另外的人口学数据，包括社会经济地位和政治倾向。

这种信息可以立即用来指导使能性评估者的当前实践。这些调查结果通过小组主页、邮件讨论组和其他方式呈现给成员。这些调查结果可以有效促进使能性评估者反思自己的实践、观点、联系和特征，并将这些见解报告给更大范围的评估群体。

除了促进使能性评估者之间的交流之外，评估同行、项目成员和项目参与者已经使用这种在线工具来促进他们自己的使能性评估。

视频会议

网络上的视频会议是两个或更多的人通过电脑屏幕见面并进行交谈，或者是人们在网络空间（人们聚在一起谈话的网上地点）上聊天的小组讨论会。软件是免费的或者便宜的，现在没有网络的远程收费。视频会议软件，如 CU-SeeMe 或者 iVisit，使得异地的人们能够看见对方或者通过打字相互交谈，并在稍微延迟的时间内看到彼此。（有关这种工具的更多信息，见 http：//www. stanford. edu/~davidf/videoconference. html；也见 Fetterman，1996c，1998e）

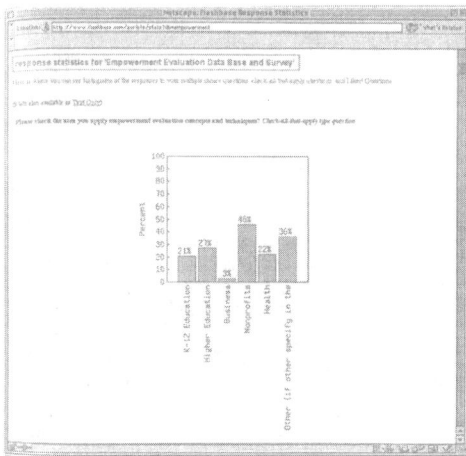

图 9.4　调查项目的图表，它显示了使能性评估者应用这种方法的领域情况

出版物

　　网络出版物是印刷版出版物的替代品。有关评估的在线学术期刊已经超过 500 种（见 http：//ejournals. cic. net）。查阅在线期刊，如教育政策分析档案（http：//olam. ed. asu. edu/epaa/），是一种新出现的有用工具，可以实时分享教育研究和评估思想与成果。通过邮件，很多同行们可以在很短的时间内阅读文献。另外，与传统的媒介相比，电子版的文献可以很快得以出版。同行们可以快速评论这些电子出版物，使得作者可以在较短的时间内修正自己的作品，而出版传统的文件比较耗时间。而且，电子刊物的费用使得期刊无须收取读者的费用。这个媒介也可以使作者出版自己的原始数据，包括他们的访谈，网页上同样有相关链接，使得读者可以立即分析数据以根据自己的理论倾向筛选数据（见 http：//olam. ed. asu. edu/epaa/v5n1. html 的例子）。

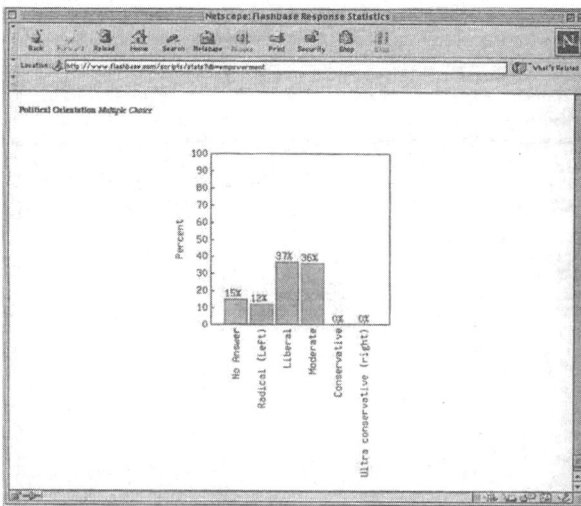

图 9. 5　调查项目收集的数据生成的柱状图电脑截屏
它显示了使能性评估者可能影响实践的政治倾向

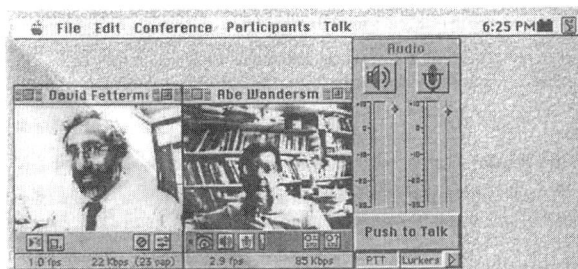

图 9.6 斯坦福大学的大卫·菲特曼和南凯罗里那大学的亚伯拉罕·万德斯曼（Abraham Wandersman），讨论使能性评估计划的视频会议的电脑截屏

一些同行和发行者讨论了版权的问题。但是，这个领域的标准正在形成，而且出版的传统标准可以成功地应用于这个媒介（见 Burbules & Bruce 1995）。我在网络上发表过文章，而且我们的书《使能性评估：自我评估和问责的知识与工具》（Fetterman, Kaftarian, & Wandersman, 1996）既有传统的印刷版也有网络上的电子版。我们没有经历过这个领域的任何版权侵权。但是，我们的思想却得以迅速传播。下面列出了网络出版的一些例子，来说明网络信息的易获取性。菲特曼（Fetterman）（1998b）在"教育研究"的"现代评论"中发表的有关使能性评估和网络问题见 http：//cie. ed. asu. edu/volume1/number4/index. html；以及菲特曼（Fetterman）（1998d）在"子午线（Meridian）"（一种有关中学计算机技术的网上期刊）上发表的有关学习与技术的讨论，见 http：//www. ncsu. edu/meridian/jan98/index. html。另外，一篇有关虚拟教室教学的在线文章（Fetterman, 1998e）见 http：//horizon. unc. edu/TS/cases/1998−08. asp。

结论

使能性评估得到了世界范围内很多评估者的关注，激起了他们的想象。有些评估者（Scriven, 1997a ; Sechrest, 1997）认为它是一种运动，因为它在世界范围内得到认可，而且在改进项目和能力构建的过程中，项目参与者、成员和使能性评估教练展示出了极大的热情。但是，使能性评估既不是一种运动也不是万能药。这种方法需要系统连续的批判性反思和反馈，包括这种方法的推广。

使能性评估得到了很迅速、很广泛的认可和应用，部分是由于网络的应用。网络可以在十亿分之一秒的时间内在全球范围内传播使能性评估的信息，这为思想的快速传播做出了很大的贡献。使能性评估和网络的协作关系提供了一种模式，帮助别人发展和重新定义自己的评估方法。网络作为一种传播新思想的机制是无敌的（特别是考虑到这种工作的有限花费）。世界范围内对使能性评估的回应证明了新思想和新技术结合的力量和价值。

结论一章关注普遍性的观点。但是，不再关注传播工具，而是强调了使能性评估中自我评估的普遍性，批判性地审视使能性评估的优点、局限和条件。

10. 结论：总结说明使能性评估的优点、局限和条件

在普遍欺瞒的时代，说真话是革命性的行动。

——乔治·奥威尔（*George Orwell*）

真理经得起实践的检验。

——艾尔伯特·爱因斯坦（*Albert Einstein*）

使能性评估的基本优势是其理论的简洁性和普适性。它有以下三个步骤：（a）使命；（b）评估现状；（c）规划未来。使用可信的资料来监测项目朝着特定目标进行，这是项目的正常规划和管理的一部分，是将评估制度化和内化的一种方法。

使能性评估的特色是它积极地、建设性地接近生活。但是，它并不幼稚。使能性评估实践关注积极和消极的生活体验，哪怕是具有严重破坏性的体验。虽然讨论的案例大多数都是积极的，但是也有案例从不太积极的视角说明了个人层面的自我评估的普适性。这个例子也突出了有意识地关注社会变革的重要性，尽管可能会涉及

一些困扰的问题。[1]

每个人的生命中都经历过深深的苦痛。他们可能经历过家庭成员的死亡、婚姻的不忠诚或工作上的背叛。我经常要求讨论会的参与者触碰那些痛苦，再次地感受它，记住它。我提醒他们那可能是他们一生中最无能为力的时刻。我询问他们是怎样将自己拉出那些痛苦深渊的。答案是：评估。我们评估当时的情境——发生了什么，为什么会发生，在那种情境下我们的角色是什么，其他人做了什么或者没有做什么，评估那种情境下的过程和结果。然后，我们衡量自己拥有的和可使用的资源，设定目标，详细说明并采取策略来完成那些目标。我们按计划行事，监测每项工作的相关成功，以重新获得自信并为将来努力。

我使用了这个例子，是因为它提醒我们，与我们一起工作的很多项目参与者每天都带着这些伤痛，而并不希望摆脱这种情感困境。他们的问题一般很复杂、重叠，并有着感情创伤。提醒我们自己的苦痛可以帮助我们重新点燃对别人的敏感性和同情，那些人仍然在漩涡中，经历恐惧和苦痛，而且经常会自我伤害。人们应该对自己的行为负责，而且应该有责任感；但是，项目成员和参与者并不总是坚持自己在项目或自我评估中的承诺。对他们的处境和痛苦的正确评估使得评估教练可以接受这些未履行的承诺，从而继续前行。

这个例子也突出了自我评估的普适性。我们每天都在评估自己的项目和实践。在购买商品和服务时，结交灵魂伴侣和朋友，以及进行社会和教育项目时，都会使用到评估。评估也可用于个人和职业的发展。评估是我们存在的基本功能。但是，为了具有实用性，必须诚实。为了达到目标、实现理想，说真话在评估中很重要。本着这样的精神，本书结尾处对使能性评估的优势、局限和条件进行了简短的评论。

优点

人们提出了使能性评估最大的优势和弱势。我们不应该低估人类追求自我进步和项目进步的能力，人类确实可以移山。每人都对使能性评估贡献出了先天和后天习得的特殊的才能。问题是如何识别并驾驭这些才能。使能性评估的一些优点帮助使用了这些才能，如合作性过程，强调使用评估资料来进行决策制定和能力构建。

使能性评估最强大的优点之一是，它可以将人们聚集在一起为共同目标而努力。合作性过程是民主且吸引人的。它强调包容，而不是排斥。乔伊·莫顿（Joy Moreton）（个人交流，1998），剑桥学院的一个使能性评估项目的指导者，简短地陈述了这一点："这个过程很有用。"剑桥学院的教师、员工和学生对他们的机构进行一个全面的使能性评估。她的团队参加了很多长期的小组会议，要求进行对话和咨询。虽然逻辑上经常会有点困难，但是她发现机构内的不同人群和院系之间的合作性咨询非常有效，可以将大家凝聚在一起，朝着共同的、建设性的目标和解决方法前进。

使能性评估的另一个优点是它可以使用资料来制定决策。丽塔·奥苏廉（Rita O'Sullian）和安尼·德阿格斯提诺（Anne D'Agostino）（1998）合作进行了一个评估项目，该项目是以社区为依托、服务于儿童和家庭，他们的工作突出了使能性评估的优点，即显著地使用资料来指导项目运行和决策制定。他们的研究记录了这种转变，在合作性和使能性评估活动开展前，很多项目的评估工作没有资料[2]，而在一年的多元化合作性和使能性评估开展之后，很多工作有一些或者很多资料支持。

黛比·佐恩（Debbie Zorn）、里恩·史密斯（M. Lynne Smith）和依迈德·凯斯特尼德（Imelda Castaneda）的"从学校到工作"评

估工作也突出了使能性评估的这个优点。他们将自己的作用描述为"为了学校的持续性发展，促进当地以资料为基础的决策制定"（第1页）。他们的目标是帮助学校学习使用资料来指导"他们自己的自我决定发展过程"（第1页）（1998）。

能力构建是使能性评估的又一个重要优点。林恩·安歇尔（Lynn Usher）的由安妮·凯西（Annie E. Casey）基金会资助的在家庭领养领域内的评估工作例证了这一点。根据安歇尔（Usher），"自我评估的能力构建的第一步是克服怀疑资料是否真的有用的想法"（第6页）（1996）。在很多案例中，需要一些处理信息的新结构和新过程来克服数据过载的问题，以及随之而来的有关资料对于决策制定的有效性的质疑。安歇尔和其他人使用了一些工具在全州范围内进行能力构建，包括使用纵向资料来决定对孩子进行家庭外照顾的时间；使用地理信息系统软件使社会服务提供者掌控和显示地理信息，如地域；使用以机构管理文件中的现有资料为基础的资料工程。这些工具可以构建能力，提高工作效率。

使能性评估有很多其他的优点，比如使能性评估的民主性可以帮助小组就主要决策进行自我反思，而且使能性评估可以在组织或项目中建立学习型文化。但是，使能性评估也有很多局限值得讨论。

局限

使能性评估依赖的是人。人可能是使能性评估最大的资源，也可能是很大的限制。小组有不同的技能。组织的、分析的和人际间的技能在项目或小组间并不是平均分配的。不友好不合作的小组的合作技能很差，为使能性评估项目增添了很多麻烦。另外，最有能力的成员经常会离开项目。在正在进行的长期工作中，如使能性评估中，人员流动是最普遍且最难的问题之一。在保持自我评估工作稳定性方面，一个有魅力的、经过良好训练的、尽责且很受欢迎的 **145** 项目成员或参与者具有不可估量的价值。尽管使能性评估是小组活动，它依赖的是有激情的尽责的成员。当他们离开时，评估的重要动力和力量也跟着缺失了。另外，需要讨论的限制还包括评估目标和资源使用。

使能性评估的价值或力量与评估目标直接相关。凯立木斯基（Chelimsky，1997）讨论了三种不同的评估目标：（a）发展；（b）问责；（c）知识。如第8章所述。使能性评估在发展方面是最强大的，可以帮助新生的或新组建的项目发展成为成熟的可持续的组织。使能性评估对内部问责有很重要的贡献，但是在外部问责方面有很大的限制。接下来将以银行为例，来说明内部和外部评估相互补充的重要性，讨论使能性评估的优点和局限。如果银行管理者和出纳员参与使能性评估，聆听顾客在服务、诚信、便捷等方面的需求，那么顾客服务可以得到改进；但是，顾客也会需要外部的评估或审计来确保他们的资金得到合理使用。如果评估目标是外部问责，那么外部审计或评估会比较合适。

使能性评估的另一个潜在的局限或问题是资源使用。一些投资者认为使能性评估是免费的。没有什么是免费的，使能性评估需要时间和资源。一般而言，刚开始需要付出很大的努力，之后会越来越少。但是，使能性评估的教练、项目成员和参与者应该得到花费时间和努力而应得的补偿。补偿可以有多种形式，如对特定指导活动、转录、复杂的资料收集和分析工作提供报酬。其他形式的支持还包括提供便于电子通信的计算机设备、便于分析的数据库软件和其他供给。在一些案例中，项目成员和参与者应该得到他们花费在评估上的时间上的部分补偿。但是，每个人都应该在项目中作为一个好成员来贡献自己的力量。（这将取决于小组或组织的规范、资源 **146** 的可获得性和需要花费的时间）

这种方法还有很多其他的潜在限制，包括它可能会有极端的批判和中伤；评估的复杂程度取决于项目成员、参与者和评估指导者的才能；它比传统评估更花费时间，因为部分工作需要进行团队和信任构建；可持续性取决于小组成功地将评估制度化的程度。所有这些优点和限制都会因项目的运行条件而加强或削弱。

条件

使能性评估的最好条件是乐于接受评估的开放性和包容性。如果项目遵循包容、民主和自我批评的原则，那么就可以使得使能性评估的产出最大化。换句话说，在使能性或自我决定的模式下运行的项目最适合这种评估方法。这种方法的最坏条件是独裁、不诚信和不信任的环境。这些环境可能最需要使能性评估方法，但是在有利于这种评估形式和方法的环境下进行评估会得到更大的收益。进行使能性评估的条件不需要完美。在一些案例中，应用使能性评估的概念和技术会比全部使用使能性评估更为合适。在没有完全理解使能性评估时，项目也可以使用使能性评估。另外，即使了解使能性评估的人员也需要从过去的经验中转变过来，使用一种新方法进行评估。对很多管理者和指导者来说，失去控制很让人难过。另外，项目成员和参与者在传统角色中也很繁忙，而且对于角色问题会有一些传统的看法。他们一般会要求使能性评估教练为他们进行评估，尽管在邀请时只是希望教练提供指导。教练需要在很多方面提供帮助，但是他们也需要记住去帮助项目成员和参与者掌控自己的生活和评估工作，促进独立而不是依赖。

147　时间也可能是一种限制。但是，它也是使能性评估的一个必要条件。这种方法会比传统评估花费更多的时间，因为需要时间来建立合作关系、建立信任、建立新结构，以克服传统的壁垒。另外，在人们了解彼此的优点和缺点时，小组工作也很消耗时间。这会逐渐有所好转，但是，在使能性评估开始时，这是需要考虑的重要因素。

结论与评论

说真话并不总是令人愉快，但是对改进实践来说非常必要。有关优点、局限和条件的简洁讨论显示了这种信念和价值。使能性评估对人们和项目做出了很重要的贡献。但是，仍然有很多需要学习的地方。关于这种方法的实践开放式对话会增强其有效性和实用性。这也为使能性评估者提供了机会来"实践自己的诺言"。

使能性评估已经触动了很多评估者的心弦。它引起了本领域的很多争辩和讨论。这种争辩涉及了本领域内的一些很著名的同行，也呈现在评估领域内的主要期刊上，这是使能性评估所产生的影响。[3]随着对这种方法的反思，我可以推论出，这种方法之所以得到这样的关注，部分原因是使能性评估的实用性，以及它与很多传统方法相背离。使能性评估有多种目标，对评估做出了很多贡献：作为评估者工具箱中的又一工具，作为一种方法来影响和改进评估的传统形式（通过评估中的项目参与者引进更多涉及和参与），以及作为一种机制来进一步澄清并加深我们对评估的理解。

我很高兴（虽然也有点惊奇）这种方法可以引起这种水平和类型的对话，并且引起了广泛的关注。这种对话和关注促进了使能性评估的改进。

使能性评估在不断地发展。它代表着一种转变，从只关注优点和价值到对自我决定和能力构建的承诺。这种转变很像药物的新转变，从关注疾病到关注健康。这不是聪明者的文字游戏。如帕顿（Patton）（1997a）所指出的，文字影响意义，它们影响我们对自己

148

正在做的事情的想法，从而影响行动。

使能性评估吸引着评估者按照参与和决策制定的民主形式，构建能力，促进独立和自我决定，建立学习型组织。使能性评估者相信豪斯（House）（1993）所述，评估"旨在解决社会问题"（第11页）。评估者不应该认为外部的评估专家比小组互动和参与更重要。使能性评估是小组工作。它激发评估者和项目参与者的想象力，促进负责任的社会变革。

使能性评估已经澄清了评估者对评估的定义，不管他们在评估过程中处于什么位置。它已经影响了评估的传统形式，帮助区分了相似但不同的方法，如评估的参与性和合作性形式。我不希望这种方法带来紧张或暴风雨。在《暴风雨》（The Tempest）中，普劳斯波罗（Prospero）向米兰德（Miranda）传达了祝福，伴随着祝福的回声这种经历带来了平静的海面和吉祥的大风。我非常感激我的同行们花时间参与到这种重要的对话中，不论他们支持还是反对这种方法。

注释

1. 以幼稚和虚无的视角使用使能性评估方法的评估者经常是错误的，而且会向传统方法妥协。对人性有见解的评估者一般情况下至少在本领域内会有更多隐忍、耐心和坚持。

2. 奥苏里文（O'Sullivan）和德阿格斯特诺（D'Agostino）在使用评估来促进社区合作方面很有创新性。

3. 我很感谢布兰妮·沃森（Blaine Worthen），他曾任美国评估期刊的编辑，他组织的一次专业交流帮助我们重新审视了评估领域本身。他营造了一种有利于学术讨论和交流的氛围，促进了将评估作为一种方法的讨论，以及有关评估目标的大讨论。

在出版之前，迈克尔·帕顿（Michael Patton）与我分享了他的文章《使能性评估及其背景》的原稿，我提出了很多修改建议。他接纳了这些建议，精炼或加强了某些论述。我很感激拥有这个机会来进行更加深入的交流。这个反复的过程允许我们将注意力放在改进观点上，而不是关注错误或遗漏之处。这次最初交流也为迈克尔·斯科林文（Michael Scriven）和我的相反观点的进一步推广奠定了基础，改进了评估实践。我要求将他的评论放在合作性、参与性和使能性评估的关键利益群体的主页上（http：//www. stanford. edu / ~davidf/ empowermentevaluation. html）。斯科林文（Scriven）回复道"祝贺你，这是科学与评估的最佳利益"。之后很快地，他将我的回复放在了他的主页上。我认为我们出版前的交流、辩论和信息共享提供了一个模式，即在我们的学术共同体中我们应该致力于维护、精炼和改进。

帕顿（Patton）和斯科林文（Scriven）的评论为使能性评估的发展做出了很有价值的贡献。应该仔细分析他们的讨论，以建构和精炼使能性评估方法。乐于接受批评是一个自省的不断发展的学习型评估组织的真正精神。

参考文献

151 Altman, D. (1997). [Review of the book *Empowerment evaluation: Knowledge and tools for self-assessment and accountability*]. *Community Psychologist*, *30* (4), 16–17. Available on-line at < http://www. stanford. edu/~ davidf/altmanbkreview. html>.

American Evaluation Association Task Force on Guiding Principles for Evaluators. (1995). Guiding Principles for Evaluators. In W. R. Shadish, D. L. Newman, M. A. Scheirer, and C. Wye (Eds.), *Guiding principles for evaluators* (New Directions for Program Evaluation, Vol. 66, pp. 19–26). San Francisco: Jossey-Bass.

Andrews, A. (1996). Realizing participant empowerment in the evaluation of non-profit women's services organizations: Notes from the front line. In D. M. Fetterman, S. Kaftarian, and A. Wandersman (Eds.), *Empowerment evaluation: Knowledge and tools for self-assessment and accountability*. Thousand Oaks, CA: Sage.

Argyris, C., and Schon, D. (1978). *Organizational learning: A theory of action*. London: Perspective.

Ayers, T. D. (1987). Stakeholders as partners in evaluation: A stakeholder-collaborative approach. *Evaluation and Program Planning*, *10*, 263–271.

Bandura, A. (1982). Self-efficacy mechanism in human agency. *American Psychologist*, *37*, 122–147.

Berk, R., and Rossi, P. H. (1976). Doing good or worse: Evaluation research politically re-examined. *Social Problems*, *23* (3), 337–349.

Bickman, L. (1987) . *Using program theory in evaluation* (New Directions for Program Evaluation, Vol. 33) . San Francisco: Jossey-Bass.

Brown, J. (1997) . [Review of the book *Empowerment evaluation: Knowledge and tools for self-assessment and accountability*]. *Health Education and Behavior*, *24* (3), 388 – 391. Available on-line at < http: //www. standford. edu/~ davidf/ brown. html>.

Brunner, I. , and Guzman, A. (1989) . Participatory evaluation: A tool to assess projects and empower people. In R. F. Connor and M. H. Hendricks (Eds.), *International, innovations in evaluation methodology* (New Directions for Program Evaluation, Vol. 42, pp. 9–17) . San Francisco: Jossey-Bass.

Bryk, A. (ED.) . (1983) . *Stakeholder-based evaluation* (New Direction for Programe Evaluation, Vol. 17) . San Francisco: Jossey-Bass.

Burbules, N. C. , and Bruce, B. C. (1995) . This is not a paper. *Educational Researcher*, *24* (8), 12–18.

Butterfoss, F. D. , Goodman, R. M. , Wandersman, A. , Valois, R. F. , and Chinman, M. J. (1996) . The plan quality index: An empowerment evaluation tool for measuring and improving the quality of plans. In D. M. Fetterman, S. Kaftarian, and A. Wandersman (Eds.), *Empowerment evaluation: Knowledge and tools for self-assessment and accountability* (pp. 304 – 331) . Thousand Oaks, CA: Sage.

Campbell, D. T. (1971) . *Methods for the experimenting society.* Paper presented at the annual meeting of the American Psychological Association, Washington, DC.

Campbell, D. T. (1974) . Degrees of Freedom and the case study. In T. D. Cook and C. S. Reichardt (Eds.), *Qualitative and quantitative methods in evaluation research* (pp. 49–67) . Thousand Oaks, CA: Sage.

Chelimsky, E. (1997) . The coming transformations in evaluation. In E. Chelimsky and W. Shadish (Eds.), *Evaluation for the 21st century: A handbook* (pp. 1–26). Thousand Oaks, CA: Sage.

Chelimsky, E. , and Shadish, W. (Eds.) . (1997) . *Evaluation for the 21st century: A handbook.* Thousand Oaks, CA: Sage.

152

Chen, H. (1990). Issues in constructing program theory. In L. Bickman (Ed.), *Advances in programe theory* (New Directions for Program Evaluation, Vol. 47, pp. 7–18). San Francisco: Jossey-Bass.

Choudhary, A., and Tandon, R. (1988). *Participatory evaluation*. New Delhi, India: Society for Participatory Research in Asia.

Connell, J. P., Kubisch, A. C., Schorr, L. B., and Weiss, C. H. (Eds.). (1995). *New approaches to evaluating community initiatives: Concepts, methods, and contexts*. Washington, DC: The Aspen Institute.

Conrad, K. J. (1994). *Critically evaluating the role of experiments* (New Directions for Program Evaluation, Vol. 63). San Francisco: Jossy-Bass.

Cook, T., and Shadish, W. (1994). Social experiments: Some developments over the past fifteen years. *Annual Review of Psychology, 45*, 545–580.

Cousins, J. B. (1998, November). *Evaluator versus program practitioner perspectives in collaborative evaluation*. Paper presented at the annual meeting of the American Evaluation Association, Chicago, IL.

Cousins, J. B., Donohue, J. J., and Bloom, G. A. (1996). Collaborative evaluation in North American: Evaluators' self-reported opinions, practices and consequences. *Evaluation Practice, 17* (3), 207–226.

Cousins, J. B., and Earl, L. M. (1992). The case for participatory evaluation. *Educational Evaluation and Policy Analysis, 14* (4), 397–418.

Cousins, J. B., and Earl, L. M. (Eds.). (1995). *Participatory evaluation in education: Studies of evaluation use and organazational learing*. London: Falmer.

Cronbach, L. J. (1980). *Toward reform of program evaluation*. San Francisco: Jossey-Bass.

Csikszentmihalyi, M. (1990). *Creativity: Flow and the psychology of discovery and invention*. New York: Harper & Row.

Dugan, M. (1996). Participatory and empowerment evaluation: Lessons learned in training and technical assistance. In D. M. Fetterman, S. Kaftarian, and A. Wandersman (Eds.), *Empowerment evaluation: Knowledge and tools for self-assessment and accountability* (pp. 227–303). Thousand Oaks, CA: Sage.

152

153

Dunst, C. J. , Trivette, C. M. , and LaPointe, N. (1992) . Toward clarification of the meaning and key elements of empowerment. *Family Science Review*, 5 (1-2), 111-130.

Fawcett, S. , Paine-Andrews, A. , Francisco, V. T. , Schultz, J. A. , Richter, K. P. , Lewis, R. K. , Harris, K. J. , Williams, E. L. , Berkley, J. Y. , Lopez, C. M. , and Fisher, J. L. (1996). Empowering community health initiatives through evaluation. In D. M. Fetterman, S. Kaftarian, and A. Wandersman (Eds.), *Empowerment evaluation: Knowledge and tools for self-assessment and accountability* (pp. 161-187). Thousand Oaks, CA: Sage.

Fetterman, D. M. (1982). Ibsen's baths: Reactivity and insensitivity (A misapplication of the treatment-control design in a national evaluation). *Educational Evaluation and Policy Analysis*, 4 (3), 261-279.

Fetterman, D. M. (1989). *Ethnography: Step by step.* Thousand Oaks, CA: Sage.

Fetterman, D. M. (1993a, October 3). Confronting a culture of violence: South Africa nears a critical juncture. *San Jose Mercury*, pp. Cl, C4.

Fetterman, D. M. (1993b). Ethnography and policy: Translating knowledge into action. In D. M. Fetterman (Ed.), *Speaking the language of power: Communication, collaboration, and advocacy* (pp. 170-171). London: Falmer.

Fetterman, D. M. (1993c). Theme for the 1993 annual meeting: Empowerment evaluation. *Evaluation Practice*, 14 (1), 115-117.

Fetterman, D. M. (1994a). Empowerment evaluation [American Evaluation Association presidential address]. *Evaluation Practice*, 15 (1), 1-15.

Fetterman, D. M. (1994b). Steps of empowerment evaluation: From California to Cape Town. *Evaluation and Program Planning*, 17 (3), 305-313.

Fetterman, D. M. (1995). [Response to D. Stufflebeam, Empowerment evaluation, objectivist evaluation, and evaluation standards: Where the future of evaluation should not go and where it needs to go.] *Evaluation Practice*, 16 (2), 179-199.

Fetterman, D. M. (1995). In Response to Dr. Daniel Stufflebeam's: "Empowerment Evaluation, Objectivist Evaluation, and Evaluation Standards: Where the Future of Evaluation Should Not Go and Where It Needs to Go," *Evaluation Practice*, June

154

1995, 16 (2): 179-199. <http: //www. stanford. edu/~davidf/ stufflebeamre-sponse. html>.

Fetterman, D. M. (1996a). Empowerment evaluation: An introduction to theory and practice. In D. M. Fetterman, S. Kaftarian, and A. Wandersman (Eds.), *Empowerment evaluation: Knowledge and tools for self-assessment and accountability* (pp. 13-14). Thousand Oaks, CA: Sage.

Fetterman, D. M. (1996b). Ethnography in the virtual classroom. *Practicing Anthropology, 18* (3), 2, 36-39.

Fetterman, D. M. (1996c). Videoconferencing: Enhancing communication on the Internet. *Educational Researcher, 25* (4), 23-27.

Fetterman, D. M. (1997a). Empowerment evaluation: A response To Patton and Scriven. *Evaluation Practice, 18* (3), 253-266. Available on-line at <http: // www. stanford, edu/ ~ davidf/pattonscriven. html>.

Fetterman, D. M. (1997b). [Response to L. Sechrest, review of *Empowerment evaluation: Knowledge and tools for self-assessment and accountability*]. *Environment and Behavior, 29* (3), 427 - 436. < http: //www. stanford. edu/~davidf/fettermansechrest. html>.

Fetterman, D. M. (1998a). Empowerment evaluation and accreditation in higher education. In E. Chelimsky and W. Shadish (Eds.), *Evaluation for the 21st century: A handbook* (pp. 381-395). Thousand Oaks, CA: Sage.

Fetterman, D. M. (1998b). Empowerment evaluation and the Internet: A synergistic relationship. *Current Issues in Education* [*On-line*], *1* (4). Available on-line at < http: //cie. ed. asu. edu/volumel/number4/index. html>.

Fetterman, D. M. (1998c). *Ethnography: Step by step* (2nd ed.). Thousand Oaks, CA: Sage.

Fetterman, D. M. (1998d). Learning *with* and *about* technology: A middle school nature area. *Meridian*, [*On-line*] *1* (1). Available on-line at <http: //www. ncsu. edu/meridian/jan98>.

Fetterman, D. M. (1998e). Teaching in the virtual classroom at Stanford University. *Technology Source* [*On-line*]. Available on-line at <http: //horizon. unc. edu/TS/

cases/1998-08. asp>.

Fetterman, D. M., and Haertel, E. H. (1990). A school-based evaluation model for accelerating the education of students at-risk. Clearinghouse on Urban Education, ERIC, ED 313 495.

Fetterman, D. M., Kaftarian, S., and Wandersman, A. (Eds.). (1996). *Empowerment evaluation: Knowledge and tools for self-assessment and accountability.* Thousand Oaks, CA: Sage.

Fournier, D. M. (Ed.). (1995). *Reasoning in evaluation: Inferential links and leaps* (New Directions for Evaluation, Vol. 68). San Francisco, CA: Jossey-Bass.

Gomez, C. A., and Goldstein, E. (1996). The HIV Prevention evaluation initiative: a model for collaborative and empowerment evaluation. In D. M. Fetterman, S. Kaftarian, and A. Wandersman (Eds.), *Empowerment evaluation: Knowledge and tools for self-assessment and accountability* (pp. 100-122). Thousand Oaks, CA: Sage.

Greene, J. C. (1988). Stakeholder participation and utilization in program evaluation. *Evaluation Review, 12* (2), 91-116.

Greene, J. C. (1997). Evaluation as advocacy. *Evaluation Practice; 18* (1), 25-35.

Grills, C. N., Bass, K., Brown, D. L., and Akers, A. (1996). Empowerment evaluation: Building upon a tradition of activism in the African American community. In D. M. Fetterman, S. Kaftarian, and A. Wandersman (Eds.), *Empowerment evaluation: Knowledge and tools for self-assessment and accountability* (pp. 123-140). Thousand Oaks, CA: Sage.

Habermas, J. (1984). *The theory of communicative action* (Vol. 1). Boston, MA: Beacon.

Hess, F. (1993). Testifying on the Hill: Using ethnographic data to shape public policy. In D. M. Fetterman (Ed.), *Speaking the language of power: Communication, collaboration, and advocacy* (pp. 38-49). London: Falmer.

Hopper, K. (1993). On keeping an edge: Translating ethnographic findings and putting them to use: NYC's homeless policy. In D. M. Fetterman (Ed.), *Speaking the language of power: Communication, collaboration, and advocacy* (pp. 19-37). London: Falmer.

155

House, E. R. (1980). *Evaluating with validity.* Beverly Hills, CA: Sage.

House, E. R. (1993). *Professional evaluation.* Thousand Oaks, CA: Sage.

House, E. R. (1998). The issue of advocacy in evaluations. *American Journal of Evaluation, 19* (2), 233-236.

House, E. R., and Howe, K. R. (in press). *Values in evaluation and social research.* Thousand Oaks, CA: Sage.

Joint Committee on Standards for Educational Evaluation. (1994). *The program evaluation standards.* Thousand Oaks, CA: Sage. Available on-line at <http://www.eval.org/Evaluation Documents/progeval.html>.

Keller, J. (1996). Empowerment evaluation and safe government. Moving from resistance to adoption. In D. Fetterman, S. Kaftarian, & A. Wandersman (Eds.), *Empowerment evaluation: Knowledge and tools for self-assessment and accountability.* Thousand Oaks, CA: Sage.

King, J. A. (1998). Making sense of participatory evaluation practice. In E. Whitmore (Ed.), *Understanding and practicing participatory evaluation* (New Directions for Evaluation, Vol. 80, pp. 57-68). San Francisco: Jossey-Bass.

Kretzmann, J., and McKnight, J. (1990). *Mapping community capacity* [On-line document]. Chicago: Northwestern University, Center for Urban Affairs and Policy Research. Available on-line at <http://www.nwu.edu/IPR/publications/mcc.html>.

Kretzmann, J., McKnight, J., and Sheehan, G. (1997). *A guide to capacity inventories: Mobilizing the community skills of local residents.* Chicago: Northwestern University, Institute for Policy Research, Northwestern University. Available on-line at <http://www.nwu.edu/IPR/publications/capinv.html>.

Levin, H. M. (1996). Empowerment evaluation and accelerated schools. In D. M. Fetterman, S. Kaftarian, and A. Wandersman (Eds.), *Empowerment evaluation: Knowledge and tools for self-assessment and accountability* (pp. 49-64). Thousand Oaks, CA: Sage.

Linney, J. A., and Wandersman, A. (1991). *Prevention Plus III: Assessing alcohol and other drug prevention programs at the school and community level: A four-step guide to useful program assessment*. Rockville, MD: U. S. Department of Health and Human Services, Office of Substance Abuse Prevention.

Linney, J. A., and Wandersman, A. (1996). Empowering community groups with e-valuation skills: The Prevention Plus III model. In D. M. Fetterman, S. Kaftarian, and A. Wandersman (Eds.), *Empowerment evaluation: Knowledge and tools for self-assessment and accountability* (pp. 259-276). Thousand Oaks, CA: Sage.

Mayer, S. E. (1996). Building community capacity with evaluation activities that em-power. In D. M. Fetterman, S. Kaftarian, and A. Wandersman (Eds.), *Empower-ment evaluation: Knowledge and tools for self-assessment and accountability* (pp. 332-375). Thousand Oaks, CA: Sage.

McClintock, C. (1990). Administrators as applied theorists. In L. Bickman (Ed.), *Advances in program theory* (New Directions for Program Evaluation, Vol. 47, pp. 19- 33). San Francisco: Jossey-Bass.

Mezirow, J. (1978). *Education for perspective transformation: Women's re-entry pro-grams in community settings*. New York: Columbia University Teachers College, Center for Adult Education.

Millett, R. (1996). Empowerment evaluation and the W. K. Kellogg Foundation. In D. M. Fetterman, S. Kaftarian, and A. Wandersman (Eds.), *Empowerment evaluation: Knowledge and tools for self-assessment and accountability* (pp. 65-76). Thousand Oaks, CA: Sage.

Mills, C. (1959). *The sociological imagination*. New York: Oxford University Press.

Mithaug, D. E. (1991). *Self-determined kids: Raising satisfied and successful children*. New York: Macmillan.

Mithaug, D. E. (1993). *Self regulation theory: How optimal adjustment maximizes gain*. New York: Praeger.

Moreton, J., and Pursley, L. (1998). *Cambridge College research and evaluation pro-ject* [Monograph]. Cambridge, MA: Cambridge College.

Oja, S. N., and Smulyan, L. (1989). *Collaborative action research*. London: Falmer.

O'Sullivan, R., and D'Agostino, A. (1998, November). *How collaborative approaches promote evaluation with community-based programs for young children and their fami-*

157

lies. Paper presented at the annual meeting of the American Evaluation Association, Chicago, IL.

Papineau, D., and Kiely, M. C. (1994). Participatory evaluation: Empowering stakeholders in a community economic development organization. *Community Psychologist*, 27 (2), 56-57.

Parker, L., and Langley, B. (1993). Protocol and policy-making systems in American Indian tribes. In D. M. Fetterman (Ed.), *Speaking the language of power: Communication, collaboration, and advocacy* (pp. 70-75). London: Falmer.

Partlett, M., and Hamilton, D. (1976). Evaluation as illumination: A new approach to the study of innovatory programmes. In D. Hamilton (Ed.), *Beyond the numbers game* (pp. 6-22). London: Macmillan.

Patton, M. Q. (1989). A context and boundaries for theory-driven approach to validity. *Evaluation and Program Planning*, 12, 375-377.

Patton, M. Q. (1994). Developmental evaluation. *Evaluation Practice*, 15 (3), 311-320.

Patton, M. Q. (1997a). Toward distinguishing empowerment evaluation and placing it in a larger context. *Evaluation Practice*, 18 (2), 147-163. Available on-line at < http: //www. stanford. edu/~davidf/patton. html>.

Patton, M. Q. (1997b). *Utilization-focused evaluation: The new century text.* (3rd ed.). Thousand Oaks, CA: Sage.

Porteous, N. L,, Sheldrick, B. J., and Stewart, P. J. (1997). *Program evaluation tool kit: A blueprint for public health management* [Monograph]. Ottawa: Ottawa-Carleton Health Department.

Preskill, H. (1994). Evaluation's role in enhancing organizational learning. *Evaluation and Program Planning*, 17 (3), 291-297.

Preskill, H., and Caracelli, V. (1997). Current and developing conceptions of use: Evaluation use TIG survey results. *Evaluation Practice*, 18 (3), 209-225.

Rappaport, J. (1987) Terms of empowerment/Exemplars of prevention: Toward a theory for community psychology. *American Journal of Community Psychology*, 15, 121-148.

Reason, P. (Ed.). (1988). *Human inquiry in action: Developments in new paradigm research*. Newbury Park, CA: Sage.

Sanders, J. R., Barley, Z. A., and Jenness, M. R. (1990). *Annual report: Cluster evaluation in science education*. Unpublished report.

Scriven, M. (1967). The methodology of evaluation. In R. E. Stake (Ed.), *Curriculum evaluation* (AERA Monograph Series on Curriculum Evaluation, Vol. 1). Chicago: Rand McNally.

Scriven, M. (1991). *Evaluation thesaurus* (4th ed.). Thousand Oaks, CA: Sage.

Scriven, M. (1993). *Hard-won lessons in evaluation* (New Directions for Program Evaluation, Vol. 58). San Francisco: Jossey-Bass.

Scriven, M. (1997a). Empowerment evaluation examined. *Evaluation Practice*, 18 (2), 165 – 175. Available on-line at < http://www. stanford. edu/~ davidf/ scriven. html>.

Scriven, M. (1997b). Truth and objectivity in evaluation. In E. Chelimsky. and W. Shadish (Eds.), *Evaluation for the 21st century: A handbook* (pp. 477 – 500). Thousand Oaks, CA: Sage.

Sechrest, L. (1997). [Review of the book *Empowerment evaluation: Knowledge and tools for self-assessment and accountability*]. *Environment and Behavior*, 29 (3), 422 – 426. Available on-line at < http://www. stanford. edu/~ davidf/sechrest. html>.

Shadish, W. R. (1998). Evaluation theory is who we are. *American Journal of Evaluation*, 19 (1), 1–19.

Shapiro, J. P. (1988). Participatory evaluation: Toward a transformation of assessment for women's studies programs and projects. *Educational Evaluation and Policy Analysis*, 10 (3), 191–199.

Soffer, E. (1995). The principal as action researcher: A study of disciplinary practice. In S. E. Noffke and R. B. Stevenson (Eds.), *Educational action research: Becoming practically critical* (pp. 115–126). New York: Teachers College Press.

Stake, R. E. (1995). *The art of case study research*. Thousand Oaks, CA: Sage.

Stanford University and American Institutes for Research. (1992). A design for systematic support for accelerated schools: In response to the New American Schools Development Corporation RFP for designs for a new generation of American schools. Palo Alto, CA: Author.

Stevenson, J. F., Mitchell, R. E., and Florin, P. (1996). Evaluation and self-direction in community prevention coalitions. In D. M. Fetterman, S. Kaftarian, and A. Wandersman (Eds.). *Empowerment evaluation: Knowledge and tools for self-assessment and accountability* (pp. 208-233). Thousand Oaks, CA: Sage.

Stufflebeam, D. L. (1994). Empowerment evaluation, objectivist evaluation, and evaluation standards: Where the future of evaluation should not go and where it needs to go. *Evaluation Practice*, 15 (3), 321-338.

Stull, D., and Schensul, J. (1987). *Collaborative research and social change: Applied anthropology in action.* Boulder, CO: Westview.

Tax, S. (1958). The fox project. *Human Organization*, 17, 17-19.

Timar, T. (1994). Federal educational policy and practice: Building organizational capacity through Chapter 1. *Educational Evaluation and Policy Analysis*, 16 (1), 51-66.

Torres, R. T., Preskill, H. S., and Piontek, M. E. (1996). *Evaluation strategies for communicating and reporting: Enhancing learning in organizations.* Thousand Oaks, CA: Sage.

U. S. Department of Education. (1997). *Making information work for you: A guide for collecting good information and using it to improve comprehensive strategies for children, families, and communities.* Washington, DC: Policy Studies Associates and SRI International.

U. S. Department of Justice. (1995). *Community self-evaluation workbook.* Washington, DC: Office of Juvenile Justice and Delinquency Prevention.

United Way of America. (1996a). *Focusing on program outcomes: A guide for United Ways* [Monograph]. Alexandria, VA: Author.

United Way of America. (1996b). *Measuring program outcomes: A practical approach* [Monograph]. Alexandria, VA: Author.

Usher, C. L. (1995). Improving evaluability through self-evaluation. *Evaluation Prac-*

159

tice, *16* (1), 59-68.

Usher, C. L. (1996). *The need for self-evaluation: Using data to guide policy and practice.* Baltimore, MD: The Annie E. Casey Foundation.

Vanderplaat, M. (1995). Beyond technique: issues in evaluating for empowerment. *Evaluation*, 1 (1), 81-96.

Vanderplaat, M. (1997). Emancipatory politics, critical evaluation, and government policy. *Canadian Journal of Program Evaluation*, 12 (2), 143-162.

W. K. Kellogg Foundation. (1992). *Transitions.* Battle Creek, MI: Author.

W. K. Kellogg Foundation. (1999). *Empowerment evaluation and foundations: A matter of perspectives.* Battle Creek, MI: Author.

Wadsworth, Y. (1997). *Everyday evaluation on the run.* Sydney, Australia: Allen and Unwin.

Wandersman, A., Imm, P., Crusto, C., and Andra, M. (1999, November). *Results-oriented grant-making/Grant-implementation: Evaluation strategies for local foundation initiatives.* Paper presented at the annual meeting of the American Evaluation Association, Orlando, FL.

Weeks, M. R., and Schensul, J. J. (1993). Ethnographic research on AIDS risk behavior and the making of policy. In D. M. Fetterman (Ed.), *Speaking the language of power: Communication, collaboration, and advocacy* (pp. 50-69). London: Falmer.

Weiss, C. H. (1998). *Evaluation* (2nd ed.). Englewood Cliffs, NJ: Prentice Hall.

Whitmore, E. (1991). Evaluation and empowerment. It's the process that counts. *Empowerment and Family Support Networking Bulletin* (Cornell University Empowerment Project), 2 (2), 1-7.

Whitmore, E. (Ed.) (1998). *Understanding and practicing participatory evaluation* (New Directions for Evaluation, Vol. 80). San Francisco: Jossey-Bass.

Wholey, J. (Ed.). (1987). *Organizational excellence: Stimulating quality and communicating value.* Lexington, MA: Lexington Books.

Whyte, W. F. (Ed.). (1990). *Participatory action research.* Newbury Park, CA: Sage.

160

Wild, T. (1997). [Review of *Empowerment evaluation: Knowledge and tools for self-assessment and accountability*], *Canadian Journal of Program Evaluation*, 11 (2), 170 - 172. Available on-line at < http: //www. stanford. edu/~ davidf/wild. html>.

Yin, R. K., Kaftarian, S., and Jacobs, N. F. (1996). Empowerment evaluation and the federal and local levels: Dealing with quality. In D. M. Fetterman, S. Kaftarian, and A. Wandersman (Eds.), *Empowerment evaluation: Knowledge and tools for self- assessment and accountability* (pp. 188-207). Thousand Oaks, CA: Sage.

Yost, J. B. (1998, November). *Empowerment evaluation and results-oriented grants-making in foundations.* Paper presented at the annual meeting of the American Evaluation Association, Chicago, IL.

Zimmerman, K., and Erbstein, N. (1999). Youth empowerment evaluation. *Evaluation Exchange*, 5 (1), 4.

Zimmerman, M. A. (in press). Empowerment theory: Psychological, organizational, and community levels of analysis. In J. Rappaport and E. Seldman (Eds.), *Handbook of community psychology* (pp. 2-45). New York: Plenum.

Zimmerman, M. A., Israel, B. A., Schulz, A., and Checkoway, B. (1992). Further explorations in empowerment theory: An empirical analysis of psychological empowerment. *American Journal of Community Psychology*, 20 (6), 707-727.

Zimmerman, M. A., and Rappaport, J. (1988). Citizen participation, perceived control, and psychological empowerment. *American Journal of Community Psychology*, 16 (5), 725-750.

Zorn, D., Smith, M. L., and Castaneda, I. R. (1998, November). *Transforming schools through evaluation: A dialogue on initiating a school-to-work reform transition.* Paper presented at the annual meeting of the American Evaluation Association, Chicago, IL.

人名索引

主题索引

译者后记

　　"empowerment" 原意为"赋权、授权"，为本书的关键词。在翻译过程中，译者一直在思索是否将"empowerment evaluation"译为"赋权性评估"，最终，几经考量，最终选择了"使能性评估"。其主要原因在于，在译者看来，"赋权"更强调动作本身，即"赋予其权力""权力下放"等，是评估方法的层面，而"使能"更强调所希望达到的结果，即"使其具有能力"，是评估目标的层面，更为贴近本书中关于该评估理论的阐释。

　　以往的评估模式中，评估者多是作为权威的形象以居高临下的姿态俯视被评估对象。菲特曼先生勇敢地对传统的评估模式提出了挑战，开创性地引入了"使能性评估"的理念，更为强调合作、参与和赋权。使能性评估的核心理念在于"助人自助"，即通过自我评估和反思的方式，应用评估理念和评估技术促进发展和自我决定。使能性评估并不拘泥于质性或量化研究方法，而是广纳多种有效的方法，以促进项目发展。在使能性评估过程中，评估者扮演着"指导者"和"合作者"的角色，而不再是传统评估范式中"命令者"的角色，评估者通过对项目提供指导或建议促进项目成员和项目参与者自我评估能力的提高。另外，使能性评估的结果并不是终点，而只是项目发展过程中的一部分。正如古语所云，"授人以鱼，不如授人以渔"，使能性评估正是"授人以渔"的评估，对其后的评估模式产生了深远的影响。

使能性评估有一些关键概念，如"培训""促进""宣传""启发"和"解放"。其中，"启发"和"解放"是在"培训""促进""宣传"等基础上的进一步升华和飞跃，更加接近使能性评估的精髓和要义。"培训""促进""宣传"主要是指评估者所扮演的角色，而"启发"强调评估过程中的充分对话和交流，是一种开放的、平等的、启发性的体验，不分彼此，不分你我，只为迸发出更多极具积极创新意义的思想火花而共同努力着；"解放"不仅仅是指评估角色的解放，也包括对于评估方法和技术的解放，颇有广纳百川的气势和胸襟。

感谢菲特曼先生为我们留下了这笔宝贵的精神财富，使能性的理念不仅仅在评估领域，在更为广阔的知识领域乃至生命哲学领域也有着很深刻的借鉴意义。感谢教育科学出版社的李芳老师，在本书出版过程中付出的辛苦和努力！

本书在翻译过程中，力求贴近作者的本意，在用词造句方面尽量做到精确、流畅，同时兼顾中英文的互通，但译者深知，翻译工作正如无边的知识浩海，徜徉其中、永无止境，若有不贴切之处，恳请各位读者批评指正。

张玉凤
2015 年 1 月

（张玉凤，女，1988 年 1 月生于安徽省亳州市。2003 年 9 月—2007 年 7 月，本科就读于清华大学工程物理系；2007 年 9 月—2010 年 7 月，硕士就读于北京师范大学教育学部高等教育研究所；2010 年 9 月—2012 年 7 月就职于南京理工大学发展规划处；2012 年 9 月—2016 年 7 月，博士就读于清华大学心理学系；2014 年—2015 年，赴美国芝加哥大学商学院和俄勒冈大学心理学系从事访学活动，对教育学和心理学有着浓厚的研究兴趣和丰富的研究成果。）

出 版 人　所广一
责任编辑　李　芳
版式设计　沈晓萌
责任校对　贾静芳
责任印制　叶小峰

图书在版编目（CIP）数据

使能性评估原理／（美）菲特曼（Fetterman，D. M.）
著；张玉凤译．—北京：教育科学出版社，2015.3
　（教育领导力系列／周作宇主编）
　书名原文：Foundations of Empowerment Evaluation
　ISBN 978-7-5041-9336-0

　Ⅰ．①使…　Ⅱ．①菲…②张…　Ⅲ．①评估方法
Ⅳ．①C931.2

中国版本图书馆 CIP 数据核字（2015）第 047055 号

北京市版权局著作权合同登记　图字：01-2012-9163 号

教育领导力系列
使能性评估原理
SHINENGXING PINGGU YUANLI

出版发行	教育科学出版社			
社　　址	北京·朝阳区安慧北里安园甲 9 号	**市场部电话**	010-64989009
邮　　编	100101	**编辑部电话**	010-64989235
传　　真	010-64891796	网　　址	http://www.esph.com.cn
经　　销	各地新华书店			
制　　作	北京金奥都图文制作中心			
印　　刷	保定市中画美凯印刷有限公司			
开　　本	154 毫米×230 毫米　16 开	版　　次	2015 年 3 月第 1 版
印　　张	11.75	印　　次	2015 年 3 月第 1 次印刷
字　　数	133 千	定　　价	30.00 元

Original English Title：

Foundations of Empowerment Evaluation

By David M. Fetterman

English language edition published by SAGE Publications Inc., A SAGE Publications
Company of Thousand Oaks, London, New Delhi, Singapore and Washington D. C.,
ⓒ 　 ［2001］ 　 by SAGE Publications, Inc.